자 라 는
중 이 니 까
괜 찮 아

## 자라는 중이니까 괜찮아

지은이 | 이기복
초판 발행 | 2016. 8. 18
2판 1쇄 발행 | 2024. 4. 3
등록번호 | 제1988-000080호
등록된 곳 | 서울특별시 용산구 서빙고로65길 38
발행처 | 사단법인 두란노서원
영업부 | 2078-3352　　FAX | 080-749-3705
출판부 | 2078-3331

책값은 뒤표지에 있습니다.
ISBN 978-89-531-4835-2　03230

독자의 의견을 기다립니다.
tpress@duranno.com　www.duranno.com

두란노서원은 바울 사도가 3차 전도여행 때 에베소에서 성령 받은 제자들을 따로 세워 하나님의 말씀으로 양육하던 장
소입니다. 사도행전 19장 8-20절의 정신에 따라 첫째 목회자를 돕는 사역과 평신도를 훈련시키는 사역, 둘째 세계선교
(TIM)와 문서선교 (단행본잡지) 사역, 셋째 예수문화 및 경배와 찬양 사역, 그리고 가정·상담 사역 등을 감당하고 있습니다.
1980년 12월 22일에 창립된 두란노서원은 주님 오실 때까지 이 사역들을 계속할 것입니다.

엄마가 된 딸에게
들려 주는
자녀사랑 이야기

이기복 지음

자 라 는
중 이 니 까

괜찮아

두란노

어느새 엄마가 된,
사랑하는 나의 딸에게…

　네가 갓 태어나 눈도 뜨지 못 하던 모습, 유달리 발그스레한 얼굴이 지금도 기억에 생생하다. 엄마 품에 안겨서 젖을 꿀떡꿀떡 먹던 모습이 나에게는 한 폭의 그림처럼 남아 있다. 그런 네가 벌써 세 아이의 엄마가 되었으니 세월은 참으로 빠르고 인생은 화살처럼 날아간다는 말이 실감이 간다.

　삼남매를 씩씩하게 키우는 우리 딸. 엄마는 네가 고맙고 자랑스러우면서도, 한편으로는 늘 안쓰럽고 짠하다. 언젠가 막내를 안고 다니느라 허리가 아프다는 말을 들으니 마음이 아프더구나. 그렇지만 엄마란 그런 거란다. 자기가 아파도 아이를 안아 주는 것이 엄마란다.

　사랑하는 딸아, 이제 와서 돌이켜 보면 엄마가 너에게 미안한 것이 참으로 많구나.

더 많이 안아 줄걸

더 많이 웃어 줄걸

더 많이 같이 놀아 줄걸

더 많이 사랑한다고 말해 줄걸

더 많이 너의 이야기를 들어 줄걸

더 많이 칭찬해 줄걸


그런데 이제 엄마도 나이가 들어 어린 손자 손녀를 바라보고 있으니 아이를 키울 때
무엇이 더 중요한지 알 것 같아. 그래서인지 너에게 해주고 싶은 이야기가 많단다.

네가 아이들에게 소리 지르지 않으면 좋을 텐데.

육박지르지 않으면 좋을 텐데.

아이들에게 그렇게 따지듯이 야단치지 않으면 좋을 텐데.

특히 큰 아이에게 조금 더 살갑게 해주면 좋을 텐데.

아이들에게 성경 이야기를 더 많이 해주고, 어릴 때부터 성경 말씀을 가르치면 좋을 텐데.

밤에 자기 전에 꼭 기도해 주면 참 좋을 텐데.

학교 가기 전에도 기도해 주고 보내면 정말 좋을 텐데.


그러면 너는 나에게 이렇게 말하겠지. "엄마도 나에게 그렇게 해 주지 않으셨잖아요" 라고.

그러게 말이다. 내가 그때는 왜 그렇게 마음의 여유가 없었는지 몰라. 그때는 지금보다 사는 것이 더 힘들었어. 무엇보다 엄마의 믿음이 깊지 않았고, 참으로 어리석었고, 자녀교육에 대해 지식이 부족했단다.


그렇지만 너는 엄마가 젊었을 때보다 예수님을 사랑하니 감사할 뿐이다. 그러니까 너는 엄마보다 아이들을 믿음으로 훨씬 잘 키울 수 있지 않을까? 아이들을 키우는 것이 때로는 힘들게 느껴지겠지만, 아이들이란 금방 크고, 곧 어른이 되더구나. 너는 나보다 지혜로우니까 엄마의 이런저런 이야기를 잘 이해할 줄 믿는다.

아이들을 잘 키워다오. 아이들은 아직은 자라는 중이니까, 실수를 하며 배우는 중이니까, 지금은 답답하고 부족해 보여도 괜찮단다. 사랑은 오래 참고 바라고 믿는 것이니 과잉기대를 내려놓고 좀 더 안아 주고, 사랑을 표현하고, 칭찬해 주렴. 야단치기보다 기도해 주었으면 좋겠다.

엄마는 언제나 그리운 이름이다. 엄마라는 자리는 참으로 행복한 자리인 것 같아. 힘들 때도 '엄마!'라고 부르면 곧 위로가 되니까. 그래서 엄마는 따스한 성경님 같은 존재란다. 네가 너의 자녀에게 그러한 부모가 되어 주었으면 좋겠다.

엄마가 된 딸아, 고맙다. 사랑한다.
자랑스럽다. 그리고 미안하다.

— 엄마가

# 하나님이 맡긴 아이,
# 하나님 사랑으로 키우렴

인간은 어쩌다 우연히 생긴 존재가 아닙니다. 어떤 사람들은 인류의 기원을 놓고 원숭이와 조상이 같다는 둥 바다 속 미생물이 진화한 것이라는 둥 말이 많지만, 어디까지나 입증되지 않은 가설일 뿐입니다.

우리 자녀도 그렇습니다. 언제 어떤 식으로 잉태했든지 우연히 태어나는 생명은 없습니다. 성경은 분명히 기록하고 있습니다. 인간은 하나님의 정확한 계획에 의해 그분의 형상을 따라 지음 받은 존재입니다.

> 하나님이 자기 형상 곧 하나님의 형상대로 사람을 창조하시되
> 남자와 여자를 창조하시고 창 1:27

하나님의 형상을 따라 창조했다는 것은 사람의 성품이 하나님의 거룩과 사랑, 진리 등을 닮았다는 의미입니다. 성경만큼 인간의 존엄성을 이처럼 높여 설명하는 책이 없습니다. 원숭이를 포함한 동물들은 거룩이니 진리니 영원과 영혼이니 하는 고차원의 개념을 알지 못합니다. 오로지 인간만이 하나님의 거룩한 성품을 지니고 있습니다.

그런데 안타깝게도 인간은 죄인이 되었습니다. 우리 모두는 죄의 경향성(Sinful nature)이 있습니다. 창세기 4장을 보면 아담의 범죄 이후 인간은 곧바로 탐욕과 이기심으로 형제를 살해하는 지경에 이릅니다. 하나님의 형상대로 지음 받았으나 죄인이 된 것입니다. 그래서 우리는 가만있어도 좋은 생각보다 나쁜 생각을 더 많이 합니다.

　우리의 사랑스런 자녀도 마찬가지입니다. 유아기의 아이들은 순진무구하긴 하지만 그렇다고 착하지만은 않습니다. 이기적이고 반항적이고 불순종적이기도 합니다.

　어떤 엄마는 "우리 애가 원래 착했어요" 하는데, 그렇다면 지금은 왜 착하지 않은 겁니까? 훈계하고 훈련하지 않았기 때문입니다. 가만두면 죄의 방향으로 흐르는 우리를 바른 길로 인도하는 방법은 말씀과 훈련밖에 없습니다.

　'철들면 신앙을 가지겠지' 하십니까? 그렇지 않습니다. 아직 엄마 말이 먹힐 때, 아직 어른의 말에 순종할 때 말씀을 배워야 합니다. 부모가 할 수 없다면 신앙과외라도 시켜야 합니다. 신앙교육은 미루면 안 됩니다.

　신앙교육을 복잡하게 생각하지 마십시오. 하나님의 사랑을 삶으로 알아 가는 것이 신앙교육입니다. 그것은 책상에 앉아 하는 말씀 공부와는 다릅니다. 하나님의 사랑은 양육자의 사랑으로 경험하는 것이 더 확실합니다. 부모가 삶으로 보여 주는 사랑이야말로 가장 분명한 신앙교육인 것입니다. 하나님의 사랑을 삶으로 경험하면 나이가 들어도, 어떤 위기가 닥쳐도 신앙이 흔들리지 않을 것입니다.

　자녀는 부모의 신앙을 전수받습니다. 엄마 아빠의 수준만큼 자녀의 신앙이 자라게 됩니다. 가끔 남편과 우리 자녀들 얘기를 하면서 어렸을 때 좀 더 철저하게 신앙교육을 시키지 않은 것에 대해 아쉬워하곤 합니다. 그런데 이 말은 결국 엄마 아빠인 우리의 신앙이 그때 형편없었다는 고백과 같습니다. 우리 수준만큼 신앙교육을 시켰을 테니까요. 실제로 나는 주일예배에 참석하는 것으로 신앙생활을 했다고 여겼습니다. 당시 내게 신앙은 액세서리 같은 것이었습니다.

　문제는 부모의 신앙이 진짜인지 가짜인지를 자녀가 안다는 것입니다. 말로는 "하나님 영광을 위해 산다"고 하지만 무엇보다 돈에 관심이 더 많고, "거짓말하지 말라" 하면서 귀찮은 객이 오면 "엄마 없다고 해" 하며 거짓말하고, "어른을 공경하라" 하면서 시부모를 억지로 공경하는 것을 자녀는 다 압니다. 알 뿐 아니라 그대로 배웁니다.

　언젠가 어떤 사람이 우리 집에 케이크를 사 왔는데, 그가 돌아가자마자 나는 "케이크는 살찌는데 몸에 좋은 걸로 사 오지"하고 불평을 했습니다. 얼마 후 아이들 주려고 아이스크림을 사 갔더니 아이들이 "콘 말고 하드 사 오지" 하기에 "고마운 줄도 모르고!" 했습니다. 그런데 곰곰이 생각하니 그 모습이 나였습니다. 아이들은 내게 배운 대로 한 것입니다. 이렇게 자녀는 부모를 그대로 복사합니다.

　그러니 십대가 된 자녀와 얘기가 통하려면 부모도 성장해 가야합니다. 부모의 수준이 어린 아기를 양육하는 수준에 머물러 있으면 안 됩니다. 자녀가 지적으로 정신적으로 고양되는 발걸음에 맞춰 부모도 공부하고 성장하고 성숙해져야 합니다. 이것이 바로 부모 코칭입니다.

　부모는 자녀의 자아상(Self-image)을 그려 주는 화가와 같습니다. 거의 백지 상태인 자녀가 20대만 돼도 부모가 그 자녀에게 그려 준 자화상이 나타납니다. '예쁘다, 귀하다, 잘한다'를 그렸다면 '나는 귀한 존재야. 사람들은 나를 좋아하고 하나님도 나를 사랑하셔. 나

너는 귀한 존재야.

귀하다.

잘한다.

예쁘다.

너는 이것도 잘하는구나.

사람들은 너를 좋아하고,
하나님도 너를 사랑하셔.

는 이것도 잘하고 저것도 잘해' 하면서 자신감 넘치고 당당한 사람
이 될 것입니다. 반면에, '못생겼다, 사랑받을 만하지 않다, 못한다'
를 그렸다면 '나는 아무것도 할 줄 아는 게 없어. 사람들도 하나님
도 나를 좋아하지 않아' 하며 자신감도 없고 매사에 되는 일이 없
는 사람이 될 것입니다. 물론 친구나 선생님, 이웃들의 영향도 있겠
지만, 자녀의 자아상에 결정적인 영향을 미치는 사람은 부모입니
다. 어릴 때는 엄마가 지대한 영향을 미치고 사춘기가 되면 아빠의
영향이 지대해집니다. 이렇게 부모는 하나님을 대신해서 하얀 도
화지 같은 자녀에게 그림을 그려 넣는 역할을 합니다. 얼마나 책임

이 막중한지 모릅니다.

　그렇다면 자녀의 건강한 자아상을 어떻게 형성해 주어야 할까요? 건강한 자아상의 네 가지 요소를 살펴봅시다.

　✐ 신체가 건강하게 자라도록 해야 합니다. 요즘은 비만과 소아당뇨병을 앓는 아이가 많습니다. 무엇보다 먹거리에 신경 써서 음료수 대신 물을 먹이고 과자는 집에 두지 않도록 합니다. 매일 일정한 시간을 정해 운동을 합니다. 나는 아이들이 어렸을 때 곤하게 자면 안쓰러워서 늦잠을 자도록 내버려 두었습니다. 하지만 그때 억지로라도 깨워서 30분만이라도 뛰게 했다면 좋았을걸 하고 후회합니다.

　✐ 정신적으로 건강하게 자라도록 해야 합니다. 한 달에 두 번이라도 시간을 내어 책을 읽는 분위기를 만들거나 모임을 만들면 좋겠습니다. 책을 한 권 정해 한 챕터씩 돌아가면서 읽고 그중

에서 토론 거리를 가지고 토론하고 나아가 자기 생각을 글로 써 보게 하는 것입니다. 그러면 따로 논술 공부를 하지 않아도 될 것입니다.

요즘은 아이든 어른이든 궁금한 것은 인터넷이 다 해결해 주고, 자극적인 스마트폰이나 미디어가 눈을 빼앗아 가니 생각하고 사유할 시간이 없습니다. 다음 세대 리더는 생각하는 힘을 기른 사람이 될 것입니다. 가정에서, 교회에서 아이들이 사고력을 기를 수 있도록 해주십시오.

🖋️ 사회적으로 건강하게 자라도록 해야 합니다. 아무리 머리가 좋고 공부를 잘해도 대인관계에서 실패하면 인생에서 성공하기 힘듭니다. 어렸을 때 신동이라고 불리던 아이들이 20세가 되었을 때 어떤 사람이 되어 있는지 살펴본 연구가 있습니다. 놀랍게도 그들 중 많은 사람들이 은둔형으로 살고 있었다고 합니다.

요즘은 핵가족이다 보니 가정에서 사회성을 기르기가 쉽지 않습니다. 내 자녀가 너무 귀해서 부모가 싸고도는 경향도 있습니다. 부모가 일부러 자녀의 친구들을 초대해서 같이 놀게 하면서 서로 양보하고 베풀고 배려하는 공동체 훈련을 시켜야 합니다.

사회성은 다른 말로 하면 이타성입니다. 이 이타성이 부족해서 요즘 젊은이들은 결혼하고도 쉽게 이혼을 합니다. 하나같이 왕자 공주로 자랐으니 남의 마음을 헤아리고 배려하고 양보하는 것을 배우지 못한 탓입니다.

건강한 사회성을 가진 사람은 어느 사회에서든 환영받을 수밖에 없습니다. 대인관계가 좋으면 당연히 사회적으로도 성공할 가능성이 높습니다.

영적으로 건강하게 자라도록 해야 합니다. 다시 말하면 영적 분별력을 키워야 합니다. 이것이 가장 중요합니다.

> 선한 사람은 마음에 쌓은 선에서 선을 내고 악한 자는 그 쌓은 악에서 악을 내나니 이는 마음에 가득한 것을 입으로 말함이니라 눅 6:45

나의 생각과 말, 행동에는 내 안에 쌓인 것이 나오게 되어 있습니다. 내 안에 온갖 쓰레기가 쌓였다면 생각도 말도 행동도 쓰레기밖에 나올 것이 없습니다. 반면에 말씀과 진리를 쌓으면 말씀대로 생각하고 말하고 행동하게 됩니다. 영적으로 건강한 사람이 되는 것입니다. 영적으로 건강한 사람이 되면 옳고 그른 것을 분별할 수 있습니다.

이렇게 영적 자녀를 키우는 일이야말로 하나님이 기뻐하시는 일입니다. 하나님의 일이라 하면, 우리는 교회 봉사나 사회적으로 영향을 미치는 큰일을 생각하는데, 나는 자녀를 잘 양육하는 것이 곧 하나님의 일이라고 생각합니다. 장애가 있어도 그 자녀를 향하신 하나님의 뜻을 헤아리며 사랑하는 것이 큰 사역입니다. 집에서 모유를 먹이는 것도, 인성이 바른 아이로 키우는 것도 하나님의 일입니다.


한나는 어렵게 사무엘을 얻은 후 서원한 대로 젖을 떼자마자 성전에 맡겼습니다. 당시 성전은 엘리 제사장은 물론 그의 아들들이 부패해서 어린 사무엘이 신앙적으로 배울 게 없는 곳이었습니다. 그럼에도 사무엘은 이스라엘 역사에서 없어서는 안 될 인물이 되었습니다.

왜 그랬을까요? 어머니 한나가 어린 사무엘에게 젖을 먹이면서 아마도 5~6년 정도 지극한 사랑으로 훈계하고 훈련했기 때문입니다. 하나님은 영적으로 어둡던 이스라엘에 사무엘을 통해 하나님의 빛을 비추셨습니다. 한 사람의 영적 자녀가 이스라엘 전체를 빛으로 밝힌 것입니다.

하나님은 지금도 일꾼을 찾고 계십니다. "내가 이 아이를 맡길 사람을 찾고 찾았다. 네가 맡아 주지 않겠니?" 하고 말씀하십니다. 그리고 자녀를 사명으로 키우는 어머니에게서 시대의 빛을 밝히는 하나님의 일꾼을 찾으십니다. 한나와 같은 사명이 우리에게 있는 것입니다.

깨어 있는 부모에게서 사무엘과 같은 영적 자녀가 나올 것입니다. 그렇게 키워진 한 사람의 영적 자녀로 인해 세계와 나라와 교회가 바른 길로 가게 될 것입니다.

자녀교육은 사명입니다.

사명을 잘 감당하고 있습니까?

2016년 8월

이기복

contnets

## Part 1  이렇게 사랑하렴
과잉기대를 내려놓고 하나님의 품으로

## Part 2  사랑하면 보인단다
자녀의 닫힌 마음 문을 여는 법

Part 1

# 이렇게 사랑하렴

과잉기대를 내려놓고
하나님의 품으로

## 01

## 사랑할수록
## 자녀를 망치는 한국 엄마들

어떤 가수가 '사랑은 눈물의 씨앗'이라고 노래했던 것이 기억납니다. 그만큼 사랑하는 것이 아프고 힘들다는 얘깁니다. 그런데 과연 그렇기만 할까요?

죄로 타락한 이 땅에서 하나님이 선하게 만드신 모든 것이 왜곡되고 말았습니다. 사랑도 마찬가지입니다. 사실 사랑은 그런 것이 아닌데, 우리는 종종 집착과 사랑을 혼동합니다. 집착을 사랑으로 둔갑시켜 사람을 조종하는 도구로 사용하기도 합니다.

이처럼 사랑에는 건강한 사랑이 있고 건강하지 못한 사랑이 있습니다. 집착은 건강하지 못한 사랑입니다. 소유하려 들고 지배하고 조종하고 통제하고 강요하는 것은 건강하지 못한 사랑입니다.

## 내 아이의 자유의지(Free will)를 존중하라

대부분의 부모들은 자녀를 사랑한다고 생각합니다. 내 자녀는 충분한 사랑을 받고 있다고 생각합니다. 그러나 많은 부모가 사랑이라는 이름으로 자녀에게 상처를 주기도 합니다.

예를 들어 볼까요? 아침에 아이가 밥도 못 먹고 학교 가는 것이 하도 딱해 과일주스를 정성껏 만들어 줍니다. 그런데 자녀는 그날따라 과일주스가 마시기 싫었는지 "안 마실래요" 했습니다. 자녀는 안 마실 것을 선택할 자유가 있습니다. 그러나 그때 대부분의 엄마들은 이렇게 말합니다.

"마셔! 마시라고 할 때 마셔!"

어떻습니까? 이 대화에서 엄마의 사랑이 느껴집니까? 바로 이런 경우가 사랑이란 이름으로 자녀를 통제하고 조종하는 것입니다. 그러나 정작 당사자인 부모는 그것이 사랑이라고 굳게 믿습니다.

자녀는 인격체입니다. 부모는 자녀를 인격적으로 대해야 합니다. 자녀는 엄마가 주스를 주며 마시라고 했을 때, '내가 지금 목마른가, 주스를 마시고 싶은가?' 생각했을 겁니다. 그런데 마시고 싶지 않아서 마시지 않겠다고 말했을 것입니다. 그럴 때 자녀를 통제하지 않는 엄마라면 이렇게 말해야 합니다.

"그래? 나는 네가 마시고 싶을 줄 알았는데… 그럼 여기 둘 테니 마시고 싶을 때 마셔라."

그렇다면 통제하고 강요하는 것이 왜 문제가 될까요?

어려서부터 어른들의 통제와 강요를 받고 자란 사람은 십대가 되고 어른이 되었을 때 반항적이기 쉽습니다. 또 강요와 통제를 받고 자란 사람들은 무슨 일이든 자발적으로 해내려는 의지나 능력이 없습니다. 그래서 그들은 오히려 자유가 주어지는 것을 두려워합니다. 스스로 자유의지를 사용하지 못합니다. 더불어 나중에 부모가 되었을 때 자신의 자녀에게도 똑같이 통제하고 강요하는 모습을 보입니다. 그러나 건강한 사랑은 통제하지 않습니다.

어떤 부모는 통제의 수단으로 폭력을 사용하기도 합니다. 중국과 남미에서 사역하시는 선교사님들로부터 들은 얘기인데, 그곳 사람들은 "자녀를 때리지 말라"고 가르치면 되려 "왜 안 됩니까?" 하고 되묻는다고 합니다. 성경에는 순종하지 않는 자녀를 부모가 죽일 수도 있다고 하지 않았느냐면서 오히려 따진다고 합니다. 그래서 선교사님이 《성경적 부모교실》을 사용해 예수님의 사랑으로 자녀를 양육하는 방법을 가르쳤습니다. 그것이 그들의 문화라 하더라도 잘못됐다면 구원받아야 하기 때문입니다. 그렇게 성경적 양육법을 배우고 나서야 그들이 눈물을 흘리며 회개했다고 합니다. 오랫동안 크리스천으로 살았으면서도 다른 사람들과 똑같이 아버지의 권위를 내세워 자녀를 학대하고 폭력을 가한 것을 그제야 깨닫고 회개했다고 합니다.

폭력에는 신체폭력뿐 아니라 언어폭력, 정서폭력도 포함됩니다. 요즘은 부모들도 많이 배우고 지식이 있어서 때리면 안 된다는 것을 알고 있습니다. 그러나 때리지 않는 대신 언어로 폭력을 합니다. 말로 자녀의 영혼을 쪼그라들게 하고 자신감을 잃게 만드는 것입니다. 과거 어머니들은 자녀에게 "내가 너를 어떻게 키웠는 줄 아냐?", "너는 내 인생의 전부다"라는 말을 자주 했습니다. 이 말은 그 어머니들의 진심이기도 하지만 한편으로 자녀를 통제하는 수단이 되기도 했습니다.

하나님은 우리에게 '자유의지'라는 선물을 주셨습니다. 부모가 자녀의 자유의지를 존중할 때 자녀는 좋고 싫은 것, 옳고 그른 것을 분별할 수 있습니다. 자녀가 "주스 마시고 싶지 않아요"라고 선택하면 부모는 자녀의 선택을 존중해 주면 됩니다. "그러지 말고 그냥 마셔라"라고 강요하지 마세요.

어렸을 때부터 자기가 선택할 수 있게 해주세요. 처음에는 "물 마실래, 우유 마실래?" 하고 물어봤다면, 다음번에는 "물 마실래, 우유 마실래, 주스 마실래?" 하고 선택의 폭을 넓히는 것도 좋은 방법입니다. 학원을 다닐 때도 자녀가 선택할 수 있도록 해주세요. 어떤 학원이 있는지 자녀에게 보여 주고 선택하게 했으면 왜 그 학원이 좋은지도 생각해 보게 하세요.

"그 학원이 왜 좋으니?"

"친구가 있고, 선생님이 좋아요."

그러면 자녀는 엄마가 시켜서가 아니라 내가 선택했기 때문에 학원에 가는 것을 즐거워합니다.

자녀가 자신의 자유의지로 좋고 싫은 것을 선택하고 옳고 그른 것을 분별하는 훈련을 받으면, 어른이 되면서 자신의 길을 잘 선택해 갈 것입니다.

또한 자유의지가 건강하게 발현되는 사람은 자신의 선택에 대해 스스로 책임지는 것을 배웁니다. 그것이 자녀를 성장시키는 건강한 사랑입니다.


## 요즘 부모들의 잘못된 사랑

### 과잉보호

그렇다면 어떤 사랑이 건강하지 못한 사랑일까요?

우리 옆집에 초등학교 6학년쯤 되어 보이는 아이가 등교 시간에 막 뛰어가는 것을 보았습니다. 그런데 그 뒤로 그 집 엄마가 아이의 가방을 들고 뛰는 겁니다. 어떻습니까? 우리 주변에서 흔히 볼 수 있는 광경입니다. 엄마는 아이가 얼마나 소중하고 귀했으면 그랬겠냐마는, 저는 그 모습을 보고 내심 걱정이 됐습니다. 그것은 건강하지 못한 사랑, 과잉보호이기 때문입니다. 귀한 자녀일수록 엄마는 그러면 안 됩니다.

한번은 이런 경우도 있었습니다. 마트에서 장을 보고 나왔는지, 엄마는 양손 가득 짐을 들고 오는데 아이는 빈손으로 과자를 먹으면서 앞서 걸어가고 있었습니다. 그런데 엄마의 걸음이 자꾸 뒤처

지니까 아이가 돌아보며 "엄마, 빨리 와! 왜 이렇게 늦게 와?" 했습니다. 엄마의 양손에 들린 짐은 안중에도 없는 겁니다. 그러자 엄마는 "짐이 많아서 그래. 신경 쓰지 말고 너나 빨리 가" 했습니다. 자녀를 아끼는 엄마의 애틋한 마음이 느껴지나요? 하지만 이것 역시 건강한 사랑이 아닙니다.

건강한 사랑은, "엄마 좀 도와줄래? 이것 좀 들어 주렴" 하며 짐을 나눠 들게 하는 것입니다. 그런 다음 집에 와서 칭찬해 주는 것입니다. 남편이 돌아왔을 때 "여보, 기특하게도 우리 아들(딸)이 엄마를 도와줬어요"라고 자랑하며, 자녀에게 "도와줘서 고마워" 하고 격려하는 것입니다. 이런 건강한 사랑을 받고 자란 자녀는 이타심을 배우고 책임감을 몸에 익히게 됩니다. 배낭 메고 산을 오르고 고아원 가서 남을 돕는, 적극적 이타적 자녀가 됩니다. 그러나 과잉보호를 받은 자녀는 이기적일 뿐 아니라 환경을 이기고 나갈 힘을 기를 수 없습니다. 나약한 아이가 되는 것입니다.

"내 자녀를 평탄하고 안이한 길로 인도하지 마시고 고난과 어려움을 이길 줄 아는 강한 자녀로 키워 주소서"라는 기도문이 있습니다. 귀한 자녀일수록 강하게 키워야 합니다.


## 절약과 절제가 없는 사랑

어떤 부모는 자녀의 요구를 무조건 들어주고, 부족함 없이 채워주는 것이 사랑이라 생각합니다. 그래서 장난감이나 비싼 옷을 사

주고 또 사 줍니다. 돈으로 해결되지 않는 게 없는 세상입니다.

그러나 부족함 없이 모든 것을 채워 주면 자녀는 감사와 행복을 모릅니다. 그렇게 자란 아이들은 특히 절약이나 절제, 인내를 배우지 못합니다. 해주고 싶어도 안 해주고, 사 주고 싶어도 안 사 주는 것이 절제 있는 사랑입니다.

가난해도 행복하게 자랄 수 있습니다. 작은 것에 감사할 줄 아는 자녀로 키워야 합니다.


## 부모 권위가 없는 사랑

요즘 부모들은 돈만 절제하지 못하는 것이 아니라 사랑도 절제하지 못합니다. 해서는 안 되는 일도 무조건 다 허용하는 것입니다. 그러나 단호하게 '안 되는 것은 안 된다'고 말하는 것이 건강한 사랑입니다. 자녀의 요구에 쩔쩔매면서 끌려 다니면 자녀를 망치게 됩니다.

아이들은 뚜렷한 방침을 제시해 주는 어른 밑에서 안정감을 갖습니다. 부모가 나약한 모습을 보이면 자녀는 혼란스럽습니다. 무엇이 옳고 그른지를 판단하는 능력을 기를 수 없습니다. 그러므로 나약한 부모보다 엄한 부모가 더 낫습니다.

예를 들면 네 살 된 자녀가 추운 날 밖에 나가 논다고 할 때 엄마는 "추우니까 코트 입고 나가 놀아라" 하며 두말 없이 옷을 입혀야 합니다. '엄마 말은 들어야 한다'는 개념을 어릴 때 당연한 것으로 배워야 합니다. 그런데 코트를 손에 들고서 "코트 입을래? 안 입을래?", "에취, 에취, 밖에 추워요" 하면서 10분을 실랑이하면 아이는 벌써 엄마 머리 꼭대기에 올라가게 됩니다. 무조건 떼를 쓰면 다 통한다는 나쁜 버릇을 배우게 되는 겁니다.

자녀가 밥을 통 먹지 않아서 고민이라는 부모를 자주 보는데, 이것 역시 부모의 권위와 관련해 설명할 수 있습니다.

만약 밥을 차려 놓고 "밥 먹자"고 두어 번 권했는데도 먹지 않겠다고 하면 화내지도 말고 밥상을 치워 버리세요. 그리고 점심때까지 과자든 우유든 간식을 일체 주지 않는 겁니다. 그러는 동안 엄마는 그저 평안하게 시간을 보냅니다. 아이와 눈을 마주치면 "사랑해" 하고 말해 줍니다. 그런 다음 점심때 밥을 차리고 밥 먹자고 권합니다. 그런데 고집이 센 아이들은 이때도 안 먹겠다고 고집을 부립니다. 엄마와 힘겨루기를 하는 겁니다.

"아침도 안 먹었잖아. 지금 안 먹으면 배고플 텐데."

"그래도 안 먹어."

"배 안 고파? 그렇구나. 그럼 가서 놀아라."

이렇게 저녁때까지 간식 등 아무것도 주지 않습니다. 속으로는 애가 탈지언정 겉으로는 평안한 얼굴을 유지하고 아이와 눈이 마주치면 웃어 주세요. 그런 다음 저녁을 차리고 "자, 우리 다 같이 밥 먹자!"라고 하면 아이는 밥을 안 먹고는 못 배깁니다. 중요한 것은 흔들리지 않는 일관성을 보이는 것입니다.

물론 이때도 고집을 피우는 아이가 있습니다. 평소 엄마의 권위가 없었기 때문에 이미 엄마를 조종하려 드는 아이입니다. 하지만 엄마가 단호한 태도로 일관하면 아이는 어쩔 수 없이 먹게 됩니다.

공연스레 하지 말아야 하는 말이 있습니다.

"경찰 아저씨가 잡아 간다."

"주사 꾹 맞는다."

"다시는 안 데리고 다닌다."

"여기다 놓고 간다."

이런 지키지도 못할 공협박을 해서 밥을 먹이려 하지 마십시오. 아이들은 부모의 마음과 나약함을 눈치 빠르게 파악하고 부모를 은근히 조종하려고 듭니다.

이러한 단호한 태도의 좋은 예로 헬렌 켈러의 가정교사 설리번의 이야기를 들 수 있습니다. 설리번이 헬렌 켈러를 처음 보았을 때 그녀의 인성이 엉망이었습니다. 걸핏하면 밥상을 뒤집어엎고 달려들었습니다. 설리번이 이것을 고쳐 주려 하자 헬렌 켈러의 아버지가 "놔두세요, 선생님. 불쌍한 아이입니다. 천사 같은 아이였습니다" 하며 만류했습니다. 이때 설리번은 헬렌 켈러의 아버지에게 이렇게 말했습니다.

"댁의 따님이 과거에는 천사 같은 아이였을지 모르지만 지금은 악마가 되어 가고 있습니다. 악마로 키우시겠습니까?"

이후 설리번은 헬렌 켈러가 밥상을 엎을 때마다 손을 꽉 움켜쥐고 벌을 주어 결국 항복을 받게 됩니다. 결국 선생님의 단호한 권위를 통해 헬렌 켈러는 완전히 달라져서 하나님의 아름다운 자녀로 거듭나게 됩니다. 설리번의 권위 있는 사랑이 헬렌 켈러의 인생을 바꿔 놓은 것입니다.

부모는 하나님의 권위를 대행하는 사람입니다. 부모가 자녀에게 쩔쩔매면 자녀는 하나님의 권위도 모르게 됩니다.

그러나 엄한 것은 무서운 것과 다릅니다. 꼭 기억하십시오. 권위는 억박지르거나 어르고 달래는 것이 아니라 일관성을 가지고 자녀를 훈련하는 것입니다. 어려서부터 순종과 질서와 제한을 가르치는 것입니다.


## 편애와 차별

어느 아빠가 다섯 살 된 남자아이, 세 살 된 여자아이와 함께 앉아 있는데, 여자아이에게만 유난히 웃어 주고 잘해 주는 것 같았습니다. 남자아이가 시무룩해서 "아빠, 나한테도 그렇게 웃어 주면 안 돼요?" 하자 아빠가 "안 돼" 하는 겁니다. 마침 내가 그 앞을 지나다가 아빠에게 "애한테 왜 그런 말씀을 하세요?" 했더니 "마음에 안 들어요, 마음에" 했습니다. 아빠는 자기도 모르게 차별적 사랑을 하고 있는 것입니다.

나중에 그 아빠는 아들 때문에 큰 고생을 할 것입니다. 또 딸도 이기적인 아이로 자라게 될 것입니다.

똑같은 자녀라도 마음이 더 가는 자녀가 있습니다. 비록 우리가 부모가 되었다지만 죄인인 까닭에 편애와 차별이 잘못인 줄 알면서도 자기도 모르게 그렇게 하는 것입니다. 그러나 차별은 자녀의 마음에 상처를 줍니다. 편애받은 아이도 결국 자기만 아는 이기적인 아이가 되고, 차별받은 아이는 상처를 받습니다. 그러므로 마음이 더 가는 자녀보다 그렇지 못한 자녀에게 더 많이 애정을 표현하려 노력해야 합니다. 그렇게 자꾸 애정을 표현하다 보면 진짜 그 자녀를 사랑하게 되어 편애하지 않게 됩니다.

## 부모의 과잉기대, 주눅드는 자녀

기준이 너무 높아서 웬만큼 잘한 것은 잘한 것도 아니라며 칭찬에 인색한 부모가 많습니다. 아무리 잘해도 "더 잘해라" 하고, 잘못하면 "이거 틀렸잖니?" 하며 지적합니다.

예를 들어, 자녀가 제 딴엔 열심히 그림을 그려서 아빠한테 자랑하려고 내밀었더니, 아빠가 "잘 그렸구나" 하는 칭찬은 작은 목소리로 말하고, "그런데 여기가 삐뚤어졌잖니?" 하고 지적을 했다고 합시다. 그러면 자녀의 귀에는 잘 그렸다는 칭찬은 들리지 않고 뒤의 지적만 크게 들립니다. "엄마, 영어 백점 맞았어요" 하는데 "너희 반에 백점이 몇 명이나 되니?", "이번에 시험이 쉬웠니?", "수학 점수는 어떻게 할 거니?" 하면서 자녀의 기분을 상하게 만듭니다.

그런데 정작 부모는 자신이 계속 지적하고 있다는 사실을 알지 못합니다. 왜냐하면 말은 하지 않았지만 마음으로는 아이에 대해 흐뭇해 하고 있었기 때문에 부모는 자신이 칭찬하지 않았음을 모르는 것입니다.

칭찬이 인색한 부모 아래서 자란 아이는 자신감이 부족합니다. '나는 아무리 해도 안 된다', '아무리 노력해도 엄마를 만족시킬 수 없다'는 생각이 아이를 지배하기 때문입니다. 우리 자녀에게 필요한 말은 평가나 분석이 아니라 "아유, 잘했다", "이만하면 잘한 거야" 하는 칭찬을 입 밖으로 말해 주는 것입니다.

칭찬을 할 때는 두루뭉술하게 하지 말고 구체적으로 하십시오. "네가 이 과목을 참 잘하는구나", "엄마를 도와 이 일을 끝내다니 정말 고맙고 자랑스럽다" 하고 표현하십시오. 그러면 아이는 다른 것도 더 잘하려고 노력하게 됩니다.

기껏 칭찬해 놓고 "근데…" 하지 마십시오. 부족한 부분이 보여도 일단은 잘한 부분을 콕 집어서 "잘했다. 정말 잘했다" 하면 끝입니다. 그리고 며칠 뒤에 "이번에는 무엇을 더 해 볼까?" 하면 됩니다.

어느 엄마가 고3인 딸이 어버이날에 보낸 편지를 내게 보여 주었습니다.

사랑하는 엄마, 오늘이 어버이 날이에요.

늘 감사드리고 있습니다.

그런데 엄마, 나는 언제 엄마 마음에 드는 딸이 될 수 있을까요?

나는 엄마한테 항상 실망만 드려서 나 자신도 실망스러워요.

그런데 나는 때로 하나님께 사랑받고 용납받는 것보다

엄마한테 용납받는 게 더 어렵다고 느껴져요.

엄마, 나도 잘하는 게 조금은 있지 않을까요?

조금만 칭찬해 주시면 안 될까요? 나도 힘들어요.

> – 엄마의 못난 딸 올림

이 편지를 읽고 마음이 너무 아팠습니다. 내가 "답장을 잘 써서 주세요" 했더니 엄마가 답장을 어떻게 써야 할지 모르겠다고 했습니다. 그래서 엄마의 칭찬에 목이 마른 딸에게 답장 쓰는 것을 도와주었습니다.

사랑하는 딸아,

엄마가 네 편지를 받고 많은 생각을 했어.

사실 너는 세상의 어떤 딸보다도 착하고 예쁜데

나는 왜 자꾸 너를 못마땅해 할까?

그것은 아마 엄마도 자랄 때 칭찬을 받아 보지 못해서인 것 같아.

사실은 네가 자랑스러워. 사랑해.

– 엄마가

만일 내가 도와주지 않았다면 그 엄마는 "그러니까 엄마 마음에 들게 행동해라" 하고 답장했을지도 모릅니다. 나중에 들으니 엄마의 편지를 읽은 딸은 얼굴이 빨개져서 엄마에게 물을 정성껏 갖다 주고는 방에 들어가 차분히 공부하더랍니다.

그런데 가만 보면 엄마보다 아빠가 더 칭찬에 인색합니다. 아빠의 칭찬은 자녀가 십대가 되었을 때 더 필요합니다. 어렸을 때는 엄마의 칭찬으로도 자신감이 심겨지지만, 성장하는 자녀에게는 "네가 자랑스럽구나"라는 아빠의 인정과 칭찬이 큰 힘이 되는 것입니다.

### 자격 없는 나를 끝까지 사랑하신 예수님처럼

부모들에게 자녀를 칭찬하라고 하면 흔히 "칭찬할 만해야 칭찬하죠"라고 반문합니다. 그런데 하나님이 우리를 사랑하시는 것은 우리에게 사랑할 만한 이유가 있어서가 아닙니다. 다음 말씀을 묵상해 보십시오.

> 우리가 아직 연약할 때에 기약대로 그리스도께서 경건하지 않은 자를 위하여 죽으셨도다 롬 5:6

우리가 연약하고, 경건하지 않으며, 죄인일 뿐인데도 하나님은 십자가의 사랑을 주셨습니다. 이것이 진정한 사랑입니다. 사랑받을 자격과 상관없이 우리 모두를 살린 사랑입니다. 우리도 자녀를 사랑할 때 그래야 할 것입니다. 조건 없는 그 사랑이 자녀를 살립니다.

혹시 자녀를 사랑하는 것에 조건을 두고 있지는 않습니까? 예를 들어 자녀가 성적표를 가져왔을 때 못마땅해서 이렇게 말하고 있지는 않습니까?

"네가 최선을 다했다고 생각하니?"

그런데 최선을 다했느냐고 물어봤을 때 그렇다고 대답할 수 있는 사람이 얼마나 될까요? 자녀가 이런 말을 들으면 '맞아. 나는 최선을 다하지 못했어' 하면서 공부를 더 열심히 할 것 같습니까? 아닙니다. 오히려 '나는 역시 자격 미달이야. 아무리 해도 엄마 아빠를 기쁘게 해드리지 못해' 하며 공부하고자 하는 동기를 더 잃게 될 것입니다.

그러나 자녀의 어떠한 것이 마음에 들지 않을 때에도 '사랑한다, 자랑스럽다'고 말해 보십시오. 그러면 실제로 그렇게 사랑스럽고 자랑스러운 자녀가 되려고 합니다. "네가 자랑스럽다. 아무리 생각해도 너는 나의 보물이야" 하고 말하면 아이는 보물로 살게 됩니다.

완벽주의자들은 자녀가 스스로 자격미달이라고 생각하게 만들듯이 자신 역시 하나님 보시기에 자격미달일 것이라고 생각합니다. 그런데 하나님이 과연 그럴까요? 아닙니다. 하나님은 이 모습 그대로 나를 기뻐하시고 잠잠히 사랑하시는 분입니다.

사랑에 자격미달이란 있을 수 없습니다.

"말 잘 들어야 예쁘다고 그러지."

"밥을 잘 먹어야 엄마 아들이지."

"그렇게 말 안 들으면 아빠 아들 안할 거야!"

혹시 우리 자녀에게 이런 말을 하고 있지는 않습니까? 자녀에게 실험을 한번 해보세요. 자녀가 아무 일도 안 할 때, 공부하지도 않을 때 그냥 "OO야, 엄마가 너를 사랑해" 하고 말해 보세요. 자녀가 "나도 알아" 하면 당신은 조건부 사랑을 하지 않은 부모입니다. 그런데 자녀가 "왜?" 하고 묻는다면 당신은 혹시 그동안 조건부 사랑을 주지시켰을지도 모릅니다.


너는 부유해도 가난해도 너를 사랑하여 구원했으니

너는 내 것이라

너는 잘났으나 못났으나 너의 모든 것을 알고 있으니

　　너는 내 것이라

'너는 내 것이라'는 찬양 가사입니다. 우리는 이 노래를 부르면 하나님의 사랑에 감격스럽습니다. 조건 없는 사랑이 진짜 사랑이라는 것이 느껴지기 때문입니다. 건강한 사랑은 조건을 붙이지 않습니다. 자녀가 설사 공부를 좀 못하더라도 '괜찮다, 길게 봐라, 잘 될 거다, 나는 너를 사랑한다'고 말해야 합니다.

혹시 지금까지 잘못된 사랑을 하고 있지는 않았습니까? 그것이 잘못인 줄 알면서도 입으로는 자꾸 잔소리하고 강요하고 핀잔하게 된다고요? 아이가 잘하는 것보다 못하는 것이 더 크게 보인다고요?

잔소리도 습관입니다. '지금까지 열심히 잔소리했더니 자녀가 변하더라' 하는 말을 들어 본 적이 없습니다. 훈련하면 잔소리도 안 할 수 있습니다. 두 번 말할 것 한 번 하고, 세 번 말할 것 두 번 하면서 훈련하십시오. 그리고 잔소리 열 마디보다 칭찬 한 마디가 더 효과 있다는 것을 기억하십시오.

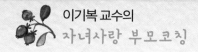
Q 그러면 안 되는 줄 알면서도, 첫째 아이와 둘째 아이를 차별하게 됩니다. 제가 이상한 걸까요? 똑같은 마음으로 사랑하는 것은 원래 불가능한가요?

한 뱃속에서 나왔는데도 자녀마다 외모도 성격도 다 다른 것이 참 신기하지 않나요? 부모도 사람이기에 말을 더 잘 듣거나 부모가 좋아하는 기준을 충족시키는 자녀에게 마음이 더 쏠릴 수 있습니다. 그러면 나도 모르는 사이 어느 한 자녀를 더 사랑할 수 있습니다. 그것이 우리의 죄된 모습이기도 합니다.

하지만 편애는 덜 사랑받는 자녀뿐 아니라 편애받는 자녀에게도 해롭습니다. 편애받는 자녀는 자기밖에 모르는 이기적이고 자만하는 성품으로 자라기 쉽습니다. 반면에 사랑받지 못한 자녀는 거절감과 열등감, 분노라는 상처를 받습니다.

편애를 당연하거나 어쩔 수 없다고 여기지 않고 해결 방법을 고민하는 부모를 격려합니다. 마음은 나뉘더라도, 공평한 사랑이 전달되도록 노력하기를 권면합니다. 때로 마음이 덜 가는 자녀에게 의지적으로 더 친근하게 사랑을 표현해 보십시오. 어느새 따스한 사랑의 마음이 회복되는 것을 느낄 것입니다.

자녀를 향한 사랑은 주님이 주시는 마음입니다. 따라서 사랑이 부족하다 느껴질 때는 하나님께 참사랑을 구해야 합니다. 하나님의 사랑으로 자녀를 사랑할 때 우리는 건강한 사랑을 할 수 있습니다.

어떤 어머니는 재혼한 남편의 아들에게 사랑하는 마음이 생기지 않아 힘들었다고 합니다. 그래도 노력해야겠다는 생각으로 일부러 아들에게 "나는 너를 사랑해. 네가 내 아들이어서 참 좋아"라고 말해 주었다고 합니다. 사람들 앞에서도 "제 사랑하는 아들이에요"라고 자랑스럽게 이야기했습니다. 그랬더니 아들도 점차 친근하게 다가오고 엄마의 마음에도 따스한 사랑이 생겨났다고 합니다.

편애는 누구에게나 생길 수 있는 마음이지만, 노력하면 극복될 수 있습니다.

## 02

# 자녀를 성장시키는
# 사랑

　　나는 가끔 연애하는 젊은 사람들에게 "교제하면서 서
로 성장했나요?" 하고 물어봅니다. 부부간의 사랑도 그렇습니다. 진
정한 사랑을 나눴다면 함께하는 동안 어떤 일에 자신감이 생기고
영적으로나 정신적으로 성숙해질 것입니다. 반대로 그냥 시간이나
때우려고, 혹은 욕심이 앞선 교제를 하고 결혼을 했다면, 성장은커
녕 마음의 상처만 가득해서 서로의 성장을 방해했을 것입니다.

　　이처럼 '참사랑'이란 상대에게 능력을 부여하는 사랑입니다. 이
사랑은 'Empowering love', 즉 상대를 성장시키고 발전시킵니다.

　　그래서 자녀를 사랑할 때 참사랑을 해야 합니다. 자녀에게 좋은
것 먹이고 좋은 것 입히고 좋은 학교 보내는 것이 참사랑이 아닙니
다. 자녀가 부모인 나보다 더 성숙하고 나은 인격체가 되는 것, 정

신적, 영적으로 성장하는 것이 목적이 되어야 합니다.


## 부모, 하나님 사랑의 대행자

이 참사랑은 세상에서는 찾기 어렵지만 성경에서는 찾을 수 있습니다. 예수님이 보여 주신 우리를 향한 사랑이 바로 이런 것이었습니다. 그분은 조건 없는 사랑으로 우리를 사랑해 주셨고, 더 나아가 우리에게 자신이 한 일보다 더 큰일도 할 것이라고 하시며 성령을 보내 주셨습니다(요 14:12).

뭔가를 잘해야만 사랑받고 천국 가는 게 아닙니다. 하나님은 어떤 선도 행할 수 없는, 죄인일 뿐인 우리에게 먼저 사랑을 보여 주셨습니다. 그 사랑의 절정은 십자가에서 나타났습니다.

많은 크리스천들이 말로는 십자가 사랑이 은혜이고 선물이라고 말합니다. 그런데 그 모범을 따라 살지는 않습니다. 그 사랑의 깊이를 안다면 한 번쯤은 실천해 볼 법도 한데, 그러지 못합니다. 한 번도 그런 사랑을 해본 적도, 받은 적도 없기 때문에 그럴 능력이 없는 겁니다. 세상은 공부 잘하면 장학금 받고 일 잘하면 승진하는 것이 당연하다고 생각합니다. 그러나 예수님의 삶을 본받고자 하는 크리스천은 공부 못해도, 실패해도 행복하게 살 권리를 부여받습니다. 그것이 참된 사랑입니다. 기독교의 사랑은 조건이 없습니다.

"네가 사랑스러워서 널 사랑해", "네가 사랑스럽지 못해서 사랑하지 않아"라는 말이 맞다고 생각합니까? 이런 사랑은 참사랑이 아닙니다. 사랑은 그런 점에서 '너의 문제'가 아니라 '나의 성품'입니다.

하나님은 사랑이시기 때문에 내가 누구건 끝까지 사랑해 내십니다. 부모는 자녀에게 이런 하나님의 성품, 조건 없는 사랑을 전달하는 대행자가 되어야 합니다. 자녀가 나중에 "아빠 엄마를 통해 하나님을 알았어요", "아빠 엄마 때문에 하나님의 조건 없는 은혜와 사랑을 알았어요"라고 말할 수 있도록 구체적으로 사랑을 표현해야 합니다.


## 사랑도 훈련하는 것

하지만 우리는 하나님의 사랑을 닮으려 애쓰는 사람이지 하나님 자체는 아닙니다. 따라서 우리에겐 사랑의 훈련이 필요합니다. 사랑은 이론이 아니기 때문입니다.

먼저, 자녀를 존재 자체로 사랑하는 훈련을 해야 합니다.

나는 '생명을 주는 나무'라는 기관에서 미혼모의 아이 30여 명을 키우는 사역을 돕고 있습니다. 아이들은 다들 성격도 생김새도 다릅니다. 장애가 있는 아이도 있습니다. 이미 마음의 상처를 받아서 고집부리며 미운 짓하는 아이도 있습니다. 그런데 많은 봉사자들이 예뻐 보이는 아이를 더 많이 안아 주고 예뻐해 주는 경향이 있습니다. 하지만 예수님의 사랑으로 사랑하려면 오히려 사랑이 결핍된 아이, 사랑이 절실하게 필요한 생명을 안아 주고 사랑해야 합니다. 눈에 잘 안 띄는 아이를 한 번이라도 더 안아 주어야 합니다. 겉모습 너머의 더 소중한 것을 볼 줄 알아야 합니다. 그렇게 애정을 쏟다 보면 덜 예쁜 그 아이가 더 예쁜 아이보다 더 사랑스러워집니다. 안 예쁜 아이가 없는 것입니다.

예수님은 세상에서 사랑받지 못한 사람들을 찾아가셨습니다. 사랑이 꼭 필요한 사람들에게 사랑을 주기 위해서였습니다. 그래서 예수님을 만나 참사랑을 깨달은 사람들은 삶에 놀라운 변화가 있었습니다. 우리도 사랑의 시각을 바꿔야 합니다. 사랑받을 수 없다고 생각하는 사람들을 찾아서 사랑하는 것이 참사랑입니다.

## "성적보다 네가 더 소중해"

자녀가 성적이 떨어졌을 때, 혹은 대학 입학에 실패했을 때 어떻게 반응합니까? "어떻게 너는 이거밖에 못 하니?", "너 때문에 창피해 죽겠어" 합니까? 그러나 성적으로 자녀를 기죽이지 마세요. 오히려 이렇게 말해 보세요.

"성적이 떨어져서 속상했겠네. 성적은 오를 때도 있고 떨어질 때도 있어. 이번에 떨어졌으니 다음에 열심히 해서 오르면 되지, 그치? 엄마가 널 사랑하는 것이 네가 공부를 잘해서가 아니라는 거 알지? 공부를 잘하든 못하든 엄만 널 사랑해."

그리고 한번 꽉 안아 주는 겁니다. 그러면 우리 아이들은 방에 들어가서 공부할 것입니다. 그런데 보통 부모들은 자녀가 수능에 실패하면 몸져눕습니다. 전화도 안 받고 밥도 안 먹습니다. 알고 보면 수능에 실패한 당사자가 더 속상하고 힘듭니다. 그런데 부모가 그러면 자녀에게는 분노와 좌절감이 생기게 됩니다.

성적과 자녀를 바꾸지 마십시오. 성적이 사랑의 조건이 아님을 분명히 해주어야 합니다. '공부, 공부' 외치면서 통제하려 드는 것은 성적과 아이를 동일한 가치로 놓고 아이를 거부하는 것과 같습니다.

한 가지 예를 더 들어 보겠습니다. 자녀가 거짓말한 것을 엄마가 알았습니다. 당연히 잘못을 지적하고 고쳐야겠죠. 그런데 이때도 아이의 존재 자체를 거부해선 안 됩니다.

"엄마는 네가 거짓말을 하면 마음이 아파. 바르게 얘기해 주면 고맙겠어. 야단 안 칠 테니까 사실대로 얘기해 줘. 네가 비록 거짓말을 해서 마음이 아프지만 그래도 엄마는 널 사랑해, 알지?"

그럴 때 자녀는 자기 행동을 고치고 싶어 합니다. 이게 조건 없는 사랑(Unconditional love)입니다.

대학생 자녀가 아빠 차를 몰래 끌고 나갔다가 사고를 냈다면, "너는 왜 그렇게 부주의하니! 하지 말라고 하는 것만 골라서 하는구나!"라고 하지 말고, "안 다쳤니? 아이고 놀래라. 안 다쳤으면 됐다. 아빠가 걱정하는 것은 너라는 것을 잊지 마라. 자동차보다 네가 훨씬 더 소중하다"고 말해 보십시오. 자녀에게 감동을 주면 자녀는 똑같은 잘못을 하지 않습니다.

잘못을 하거나 실수를 한 자녀에게 이 세상 어떤 것보다 네가 소중하다고 느끼게 해주는 것이 조건 없는 사랑을 하는 것입니다.

어느 날 지인과 함께 있는데 지인의 딸한테서 전화가 왔어요. 그런데 어찌나 목소리가 우렁찬지 옆에 있는 나한테까지 대화 내용이 다 들렸습니다.

"엄마, 오늘 성적표 받았는데 성적이 떨어졌어. 그런데 괜찮아. 엄마, 힘내!"

성적이 떨어졌는데 먼저 전화를 해서는 도리어 엄마를 위로하는 겁니다. 자신감이 넘치고 그렇게 밝을 수가 없습니다. 지인은 평소 늘 "괜찮아. 너는 잘될 거야"라고 격려해 주었다고 합니다. 그 아이는 누구보다 당당하고 밝은 청년이 되었습니다.

무엇으로도 바꿀 수 없는 소중한 존재, 사랑받기 충분한 사람이라는 걸 알게 해주는 것이 핵심입니다. 만약 자녀가 5만 원을 잃어버렸다고 하면 화부터 내지 말고 "돈이 중요한 게 아니야. 너는 어떤 것과도 바꿀 수 없는 소중한 존재란다" 하고 말해 줘야 합니다. 그러한 조건 없는 사랑을 받은 자녀는 인생을 밝고 바르게 살아가게 됩니다. 혹시 실패해도 다시 힘을 얻고 일어나게 됩니다. 자신이 소중한 존재라는 것을 알고 있기 때문입니다.

## 조건 없는 사랑 이야기, 하나

미국의 어떤 목사님의 간증을 들은 적이 있습니다. 십대 딸이 있었는데 파티에 가서 어떤 남자와 성관계를 가졌습니다. 그 후 이 딸이 교회 수련회에 갔다가 회심해서 돌아왔습니다. 얼마나 기뻤겠습니까? 그런데 얼마 뒤 딸이 임신했다는 걸 알게 되었습니다. 딸은 아빠에게 이렇게 말했습니다.

"아빠, 제가 조용히 떠날게요. 아빠 얼굴에 먹칠할 순 없어요."

목사님은 그날 기도하다가 하나님의 조건 없는 사랑을 떠올렸습니다. 그리고 돌아오는 주일에 성도들에게 이렇게 말했습니다.

"우리 가정에 기도 제목이 있습니다. 제 딸이 주님을 만나고 거듭나서 돌아왔는데 뜻밖에도 생명을 갖게 되었습니다. 우리 부부는 이 생명이 얼마나 소중한지 잘 압니다. 그래서 딸과 함께 예쁘게 키울 것입니다. 대신 저는 교회를 떠나겠습니다."

그러자 온 교회가 발칵 뒤집혀서 긴급회의를 열었습니다. 그리고 교회는 목사님을 받아들이기로 결정했을 뿐 아니라 딸과 아기를 위해 합심으로 기도했습니다.

이야기는 여기서 끝나지 않습니다. 얼마 후 딸이 아기를 낳았을 때, 목사님 부부가 그 아기를 입양해서 키웠고, 딸은 대학 졸업 후 멋진 남자를 만나 아름다운 가정을 이뤘습니다. 그리고 아기는 멋진 청년으로 자라 선교사가 되었습니다.

조건 없는 사랑은 하나님의 사랑입니다. 그러나 우리는 관념적으로만 이 사랑을 알 뿐 실천하지 않습니다. 이 참사랑, 조건 없는 사랑을 가장 잘 실천할 수 있는 곳이 바로 가정이고 자녀입니다.

> 나는 주의 화원에 어린 백합꽃이니
> 은혜 비를 머금고 고이 자라납니다
> 주의 은혜 감사해 나는 무엇 드리리
> 사랑하는 예수님 나의 향기 받으소서

'나는 주의 화원에'라는 제목의 이 찬양처럼, 자녀는 은혜비, 즉 조건 없는 사랑을 받으면 무럭무럭 자랍니다. 은혜비를 먹고 자라면 어떠한 자녀라 할지라도 주님의 향기를 갖게 됩니다. 사람은 누구나 실수할 수 있죠. 잘못할 수 있어요. 그럴 때 야단치고 실망감을 표하지 말고 '어떠한 일이 있어도 나는 너를 사랑한다'는 표현을 해주십시오.

죄인인 우리를 끝까지 사랑하셨던 예수님의 사랑, 그 조건 없는 사랑을 알게 되면, 그 원리를 깨닫고 나면 그러한 은혜의 사랑을 실천할 수 있게 됩니다.

자녀가 부모의 조건 없는 사랑에 감동의 눈물을 흘리게 해줍시다. 하나님의 사랑도 마찬가지잖아요. 우리가 먼저 하나님을 사랑한 것이 아니라 하나님이 먼저 우리를 찾아와 주셨고, 사랑해 주셨잖아요. 그것이 감동적 조건 없는 사랑입니다.

우리의 조건 없는 사랑의 비를 흠뻑 맞고 자라면 우리 아이들은 주님의 향기가 되고 기쁨의 존재가 됩니다. 내 아들이, 내 딸이 하나님 앞에 기쁨의 존재가 되기를 소망하기 바랍니다.


## 사랑은 표현하는 것

자녀를 보고 웃어 본 적이 언제입니까? 웃으면 복이 온다는 말이 있습니다. 정말 그렇습니다. 그러니 오늘이라도 자녀가 집에 오면 씨익 웃어 주십시오. 자녀가 사랑스럽지 않을 때도 실실 웃으십시오. 그러면 아이가 물을 것입니다.

"무슨 일 있어요?"

그때 이렇게 대답하는 겁니다.

"너만 보면 좋아서 그래. 자랑스러워서 그래."

자녀가 사춘기라면 뜨악해서 "엄마 왜 그래? 뭐 잘못 먹었어?" 할지도 모릅니다. 그래도 "아니야. 진짜 네가 없었으면 어쩔 뻔했니? 네가 내 딸(아들)이어서 너무 감사해" 하십시오.

특히 아빠들이 웃는 것을 잘 못합니다. 무뚝뚝한 얼굴로 아이만 보면 '마음에 안든다'는 표정으로 일관합니다. 그러니 아빠만 집에 들어오면 아이들은 아빠를 피하거나 눈치를 봅니다. 그런데 그 아빠가 자녀를 보며 자꾸 웃어 주면 아이들이 달라집니다. 별것 아닌 것 같지만, 이게 아이를 변화시키는 방법입니다.

그냥 웃기만 해도 좋지만 한 단계 더 나가서 '참 귀하다, 사랑스럽다'고 말해 주십시오. 말은 영적인 능력이 있습니다.

딸만 둘이 있는 어느 어머니가 혼자서 계속 연습을 했습니다.

"너는 참 소중하다. 네가 너무 사랑스럽다."

둘째 딸이 먼저 집에 돌아왔습니다. 아이를 반갑게 맞으며 "너를 보니 엄마가 참 행복하다. 네가 참 귀하다" 했습니다. 그러자 둘째 딸이 엄마를 한번 쳐다보고는 영어책 10권을 가지고 나와서 엄마 앞에서 읽더랍니다.

문제는 큰딸입니다. 큰딸하고는 공부 문제로 계속 부딪쳤기 때문입니다. 학원에 간 큰딸을 데리러 가면서 계속 속으로 '웃자, 웃자, 표현하자'고 연습하며 되뇌었습니다. 드디어 딸이 나왔습니다.

"우리 딸 피곤하지? 너를 보니 참 행복하다. 엄마는 너를 보면 항상 자랑스러워."

이렇게 웃으며 표현하자 딸이 이상한 눈으로 엄마를 쳐다보더니 "엄마, 나 아침에 가지고 나간 우산 잃어버렸어" 하는 겁니다. 순간 또 화가 났습니다. 매번 우산을 잃어버리고 돌아왔기 때문입니다. 그래도 꾹 참고 "어쩌다 잃어버렸어? 속상하겠네. 그런데 만 원짜리 우산하고 우리 딸하고 못 바꾸지. 우산보다 우리 딸이 더 소중해"라고 했습니다.

집에 돌아온 큰딸이 책상에 앉는 것 같더니 계속 들락날락거리며 공부에 집중하지 못했습니다. 순간 다시 속이 뒤집혔지만 마음을 추스르고 "피곤한데 또 숙제가 있나 보구나. 어떡하니?" 했습니다. 큰딸이 방에 들어가는가 싶더니 거실로 나와서는 엄마를 불렀습니다. 무슨 일인가 보니 딸이 이렇게 말하더랍니다.

"엄마, 집중이 안 돼요. 날 위해 기도 좀 해줘요."

그래서 이렇게 기도해 주었습니다.

"하나님, 우리 딸이 피곤합니다. 집중할 수 있도록 도와주세요. 그리고 이렇게 사랑스럽고 자랑스러운 딸을 주셔서 감사합니다."

그날 큰딸은 밤늦도록 공부에 열중했답니다.

'저게 왜 태어났을까, 누굴 닮아 저럴까? 아휴 웬수, 꼴도 보기 싫다, 정말 실망스럽구나' 이런 말은 자녀에게 절대 해서는 안 됩니다. 대신 '사랑한다, 소중하다, 네가 자랑스럽구나, 너만 보면 행복하다, 너만 보면 피곤이 싹 가신다, 너는 보물이다, 잘될 거다, 길게 보아라, 잘했다, 하나님이 너를 사랑하신다'라는 말을 훈련해 보십시오. 자녀를 보면 웃으십시오. 그리고 "피곤하지?" 하면서 위로해 주십시오. 그러면 자녀는 시키지 않아도 알아서 공부하게 되어 있습니다.


계속 자라는 중

한 아버지가 '저는 원래 마음에 없는 소리는 못 합니다'라는 제목으로 내게 이메일을 보냈습니다. 아들이 하나 있는데 공부를 못해서 지방 대학을 다닌다면서, 그것이 창피하고 부끄럽다고 했습니다. 하지만 사랑의 표현을 배우고 나서 주일에 교회에 나타난 아들을 사람들한테 이렇게 소개했답니다.

"권사님 안녕하세요? 제 자랑스러운 아들이에요."

"집사님, 제 사랑스런 아들이 예배드리려고 지방에서 올라왔어요."

말하는 자신도 몸이 배배 꼬이고 듣는 아들도 당황해서 어쩔 줄 몰랐지만 억지로 배운 것을 실천했습니다. 그런 중에도 마음으로는 아들이 못마땅하더랍니다. 차려입은 옷도 마음에 안 들고 표정도 마음에 안 들고 말입니다. 그래도 또 "목사님, 제 자랑스러운 아들입니다"라고 표현했습니다.

그런데 다음 날 아들이 학교로 내려가면서 이런 쪽지를 남겼다고 합니다.

"아빠, 감사합니다. 제가 아빠에게 자랑스러운 아들이 되도록 열심히 노력하겠습니다. 사랑합니다. 고맙습니다."

억지로 한 사랑의 표현도 아들의 마음을 녹아내리게 했습니다. 이것이 치유하고 성장시키고 성숙시키는 사랑입니다. 바로 하나님의 사랑입니다.


"고마워, 자랑스럽다, 사랑해"

자녀가 실패했다면 "괜찮다"고 말해 주십시오. 혹시 취업에 실패했다면 "하나님께 너를 향한 계획이 있어. 실망하지 마"라고 말해 주세요. 더 장성해서 사업에 실패했다면 "젊은 날의 실패는 귀한 거다. 먼 미래를 바라봐라"하고 말해 주세요.

어려울 때, 실패했을 때, 내가 사랑받을 자격이 없다고 생각할 때 사랑한다고 표현해 주면, 그 아이는 실패를 두려워하지 않고 새로운 것에 도전할 줄 아는 사람으로 건강하게 자랍니다. 그것이 감동을 주는 사랑을 하는 것입니다.

사랑은 표현해야 전해집니다. 말로 하기 쑥스럽다면 메일이나 모바일 메시지를 보내는 것도 좋은 방법입니다.

"오늘 기도하다가 가만히 생각해 보니 네가 얼마나 나에게 소중한 아들(딸)인 줄 새삼 느끼게 되었다. 네가 내 아들(딸)이어서 고맙다. 사랑한다. 자랑스럽다."

이런 메시지를 자녀에게 보내 보십시오. 자녀에게서 놀라운 대답을 받게 될 것입니다.

"저도 사랑해요."

"제가 잘할 게요."

어떤 아이는 짧게 "네~~~"하고 보냅니다. 하지만 이 '네'와 여러 개의 물결표에 얼마나 많은 함축적인 의미가 담겨 있는지 아셔야 합니다. 그러면 나중에 자녀한테 "엄마 아빠를 통해서 하나님의 은혜와 사랑을 알았어요"하는 고백이 터져 나오게 될 것입니다. 그때 "아니야, 나는 하나님 사랑의 100분의 1도 표현하지 못했어"라고 가르쳐 주십시오. 더 크고 무한한 하나님의 은혜를 자녀에게 전할 수 있는 기회입니다.

자녀와 둘만의 데이트를 하는 것도 좋습니다. 아빠와 딸이, 엄마와 아들이 호젓한 곳에 가도 좋고, 자녀가 좋아하는 놀이공원에 가도 좋습니다. 중요한 것은 자녀와 달콤한 시간을 가지는 것입니다.

이때 평소 사이가 좋지 않던 자녀와 단 둘이 데이트하십시오. 이때 나누는 이야기가 중요한데, "공부 잘하고 있니?" 이런 말은 절대 하면 안 됩니다. 그동안 쌓인 불만도 말하지 마십시오. 그저 "야 오랜만에 너하고 있으니 참 좋다. 언제 이렇게 컸어? 아빠가 바빠서 너하고 시간을 못 보냈는데 참 좋구나" 하며 둘만의 오붓하면서도 개인적인 시간을 갖는 것입니다. '사랑한다'고 말할 수 있다면 더 좋겠죠.

이렇게 두어 번 둘만의 시간을 갖고 나면 관계가 가까워지고 회복될 것입니다.


## 부모가 변해야 자녀가 변한다

자녀와 문제가 있다면 가장 먼저 변해야 할 사람은 부모입니다. 부모가 변하면 자녀는 자연스럽게 변합니다. 부모가 돼서 자녀를 상대로 자존심을 부리겠습니까? 그런데 생각보다 그런 부모가 상당히 많습니다. 무슨 문제만 생기면 '자녀가 문제다, 자녀가 문제다' 하며 정작 자신은 변할 생각을 안 합니다. 그러나 자녀가 먼저 변해도 부모가 여전히 변화된 모습을 보이지 않으면 관계가 회복되기 어렵습니다.

우리에겐 참사랑의 능력이 없지만 '사랑한다'고 말하면 사랑의 능력이 생깁니다. '사랑한다, 참 귀하다, 자랑스럽다'는 말을 하기 힘들다면 하나님께 기도하십시오.

"하나님 나에게는 원래 사랑이 없습니다. 자녀를 사랑할 수 있도록 도와주옵소서. 주님의 조건 없는 사랑을 표현할 수 있는 용기를 주옵소서."

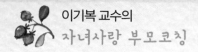

Q  과하게 칭찬하는 것이 오히려 아이를 망친다는 이야기를 들었습니다.
   아이에게 올바르게 칭찬하는 법을 알려 주세요.

---

　'과하게 칭찬하는 것이 아이를 망친다'는 말은 칭찬에 진심을
담지 않고 건성으로 자주 하는 것을 의미합니다. 그냥 '착하다, 머리
가 좋다, 공부를 잘한다'와 같은 말은 진정한 의미로 칭찬이라고 보
기 어렵습니다. 그러한 입에 발린 칭찬은 오히려 자녀를 망칠 수 있
습니다. 왜냐하면 구체적 행동에 대한 칭찬이 아니기 때문입니다.
그러면 자녀에게 유익한 칭찬은 어떻게 해야 할까요?

　우선 자녀의 구체적 행동에 대해 언급하며 칭찬해야 합니다. 예
를 들면 "네가 아까 엄마를 도와서 무거운 짐을 옮겨 준 것 정말 고
마워", "아까 경비 아저씨한테 깍듯이 '안녕하세요'라고 인사하는 것
을 보았는데, 우리 딸 참 예의가 바르다", "오늘 엄마가 숙제하라는
말도 하지 않았는데 혼자 숙제를 했구나"라고 하는 것입니다. 거기
에 진심을 담아서 하는 것입니다.

　사람은 누구나 그 칭찬이 입에 발린 말인지 진심으로 하는 말
인지 다 알지요. 자녀도 부모의 칭찬이 진심으로 하는 말인지, 건성
으로 하는 말인지를 다 압니다. 이미 잘한 행동에 대해 구체적으로

언급하면서 진심으로 칭찬하면 자녀는 더 잘하고 싶고 발전하고 싶은 욕구가 생깁니다.

아프리카의 바벰바족에는 색다른 재판이 있다고 합니다. 범죄한 사람이 생기면 그를 가운데 세우고 재판을 시작하는데, 마을 사람들이 그를 빙 둘러서 한 마디씩 증언을 한다고 합니다.

"네가 지난번 우리 지붕을 고쳐 주었지? 너는 남을 돕는 착한 사람이야."

"너는 지난번 넘어진 아이를 안고 집까지 데려다 주었어."

"너의 장점은 정직하다는 거야."

이렇게 구체적 증언으로 재판이 진행되는 동안, 그 범죄자는 눈물을 흘린다고 합니다. 그리고 그 후에 그는 더 좋은 사람이 된다고 합니다.

부모의 칭찬이 이토록 구체적이고 진심으로 이루어진다면 자녀는 더 잘하고 싶고, 더 나은 사람이 되고 싶고, 칭찬받은 행동을 한 번이라도 다시 하려고 할 것입니다.

칭찬은 자녀를 회복시키고 발전시키고 성장시키는 사랑입니다. 자녀를 야단치고 비판하는 대신, 자녀가 이미 잘한 행동에 대해 격려하고 칭찬하는 부모가 되시기 바랍니다.

03

# 옳고 그름을
# 바로잡아 주는 사랑

자녀들아 주 안에서 너희 부모에게 순종하라 이것이 옳으니라
네 아버지와 어머니를 공경하라 이것은 약속이 있는 첫 계명이
니 이로써 네가 잘되고 땅에서 장수하리라 엡 6:1-3

십계명에서 4계명까지는 하나님과의 관계를 위한 절대 계명입
니다. 그리고 5계명부터 10계명까지는 사람과 사람 간의 관계를 위
한 계명입니다. 그런데 사람 간의 계명에서 첫 자리에 오는 것이
바로 '부모를 공경하라'입니다. 하나님은 부모 공경을 그만큼 중요
하게 여기셨습니다.

에베소서는 부모를 공경하면 땅에서 잘되고 장수할 것이라고 약
속합니다. 자녀가 잘되기를 원한다면 어릴 때부터 부모를 공경하

도록 가르치십시오. 자녀가 함부로 행동하면 분명하고 단호하게 잘못을 지적하고 올바른 행동을 가르쳐야 합니다.

그러려면 먼저 부부가 서로를 존중하고 배려하는 모습을 보여야 합니다. 가능하면 부부간에도 서로 존댓말을 해서 아이들에게도 부모를 공경하는 존댓말을 하도록 가르치는 게 좋습니다. 존댓말 한다면서 관계가 멀어지거나 서먹해지지 않습니다. 오히려 서로 존중하는 사랑을 가르칠 수 있습니다.

자녀가 부모에게 함부로 하는 것을 보았다면 "아빠한테 그러면 못써!", "엄마한테 그러는 거 아니야", "부모한테 함부로 하면 네가 이 땅에서 복을 못 받아. 세상에서도 성공하지 못해" 하고 훈계하면서 부부간에 서로를 세워 줘야 합니다. 엄마든 아빠든 자녀 앞에서 서로를 험담하거나 무시하는 것은 자녀에게 해롭습니다.


## 마땅히 행할 일을 가르치라

> 마땅히 행할 길을 아이에게 가르치라 그리하면 늙어도 그것을 떠나지 아니하리라 잠 22:6

"세 살 버릇 여든까지 간다"는 말이 있습니다. 사랑과 훈계가 똑같이 균형을 잡아야 하지만, 자녀가 어렸을 때는 훈계가 더 필요합니다. 아직 어릴 때부터 버릇을 가르쳐야 합니다. 아직 부모 말을 들을 때 가르쳐야 합니다. 부모 말이 먹힐 때 공경과 순종을 단단히 가르치십시오.

나중에 사춘기 자녀에게 "지금까지는 너를 너무 사랑만 했는데 이제부터는 너를 훈계해야겠다"고 하면 아마 아이는 콧방귀를 뀌며 들으려고도 하지 않을 것입니다.

그러나 반대로 다섯 살 아래 자녀에게 "나는 너를 믿는다. 그러니 네가 알아서 네 맘대로 해라"라고 말하면 어떨까요? 어릴 때 이 말은 오히려 독이 될 수 있습니다. 이때는 해도 되는 일과 해서는 안 되는 일을 자녀에게 가르치는 것이 부모의 중요한 사명입니다. 나중에 옳고 그름을 스스로 판단할 나이가 된 십대 자녀에게는 인격을 존중하는 태도를 보이며 "너를 믿는다"고 말해 주어도 될 것입니다.

> 네 자식을 징계하라 그리하면 그가 너를 평안하게 하겠고 또 네 마음에 기쁨을 주리라 잠 29:17

이 말씀을 이렇게 바꿔 읽어 보세요. '네 자식을 어려서부터 징계하면 그가 십대가 되어서 부모 마음을 평안하게 하겠고 또 기쁨이 되리라.'

어렸을 때에 옳고 그름을 바로잡아 주며, 바른 길을 보여 주면 반듯하게 자라서 부모의 마음에 평안과 기쁨을 준다는 것입니다. 정말로 그렇습니다.

> 채찍과 꾸지람이 지혜를 주거늘 임의로 행하게 버려 둔 자식은
> 어미를 욕되게 하느니라 잠 29:15

이 말씀도 이렇게 바꿔 읽어 봅시다. '어릴 때의 채찍과 꾸지람이 지혜를 주거늘 어린 자녀가 자기 마음대로 행하게 내버려 두면 십대가 되어서 엄마 아빠를 욕되게 하고 부모 마음에 큰 근심거리가 될 것이다.'

어느 사형수가 죽음을 앞두고 마지막으로 엄마를 만나서는 엄마의 귀를 물어뜯으며 이렇게 말했다고 합니다.

"내가 어릴 때 왜 안 되는 것은 안 된다고 말해 주지 않았어요!"

부모는 반드시 자녀를 훈계로 가르쳐야 합니다. 그것이 부모의 사명입니다. 훈계로 가르치지 않으면 자녀는 제멋대로 하는 망나니가 된다는 것을 명심하기 바랍니다.


## 훈계는 부모의 사명

내가 그의 집을 영원토록 심판하겠다고 그에게 말한 것은 그가

아는 죄악 때문이니 이는 그가 자기의 아들들이 저주를 자청하되 금하지 아니하였음이니라 삼상 3:13

사무엘상 3장 13절 말씀은 하나님께서 엘리 제사장 집안을 두고 하신 말씀입니다. 엘리 제사장이 아들들이 하나님과 사람에게 죄를 짓는데도 금하지 않아서 그들이 저주를 받게 되었습니다. 실제로 엘리 제사장의 아들들은 전쟁 중에 하나님께 심판받아 비명횡사합니다. 그는 하나님의 제사장이었지만 자식 교육에는 완전히 실패했습니다.

이스라엘 사람들이 최고의 왕으로 꼽는 동시에 하나님께 극찬을 받은 다윗도 자식 교육에는 실패했습니다. 그 이유는 아비로서 그가 지은 죄 때문이었습니다. 다윗은 여러 아내를 거느리고 배다른 자식들을 슬하에 두었습니다. 나중에 이 자식들이 서로 죽고 죽이는 험악한 관계가 됩니다.

또한 다윗은 아들들에게 순종을 가르치지 않았습니다. 열왕기상 1장 6절에는 다윗의 아들 아도니야에 대하여 "그의 아버지가 네가 어찌하여 그리 하였느냐고 하는 말로 한 번도 그를 섭섭하게 한 일이 없었더라"라고 기록하고 있습니다. 결국 아도니야는 나중에 압살롬과 아버지를 상대로 모반과 반역을 꾀합니다.

다윗이 겪은 고난의 반은 자식 때문이었습니다. 성경은 설명하지 않지만 다윗의 자식들이 그처럼 배은망덕한 패륜아가 된 것은 아버지가 자녀에게 공평과 순종을 가르치는 훈계를 하지 않았기 때문입니다.

자식을 훈계하는 것은 부모의 사명입니다. 아버지 다윗도 문제지만 그들의 어머니들도 사명을 방치하기는 마찬가지였습니다. 자식 훈계를 가볍게 여기지 마십시오. 모든 부모는 교육학을 전공하고 가르치는 사람들입니다. 그런 책임감과 전문성을 가지고 자녀를 교육해야 합니다.


## 사랑과 훈계의 균형

> 또 아비들아 너희 자녀를 노엽게 하지 말고 오직 주의 교훈과
> 훈계로 양육하라 엡 6:4

부모로서 사랑과 훈계 중 혹시 어느 한쪽으로 치우침은 없었는지 점검해 봐야 합니다. 나는 따스한 사랑은 있는데 단호함이 없다는 사람도 있을 것이고, 단호함은 있는데 따스함이 없다는 사람도 있을 것입니다.

만일 훈계가 부족하다면 "단호하게 훈계할 수 있도록 해주세요" 하고 기도하십시오. 만일 사랑이 부족하다면 "아이가 저한테서 따스한 사랑을 느낄 수 있도록 도와주세요" 하고 기도하십시오. 그래

서 사랑과 훈계의 균형을 맞추십시오. 우리는 여전히 부족한 사람이지만 하나님의 도우심으로 균형 있는 사람이 될 수 있습니다.

부부가 서로 모자란 부분을 채워 줄 수도 있습니다. 예를 들어 아빠가 훈계의 역할을 한다면 엄마는 사랑의 역할을 해주어야 합니다. 물론 그러면서도 부부는 여전히 사전에 협의를 해야 합니다. 그런데 엄마와 아빠 중 누가 훈계의 역할을 담당하면 좋을까요?

나는 개인적으로 훈계는 주 양육자가 하는 것이 좋다고 생각합니다. 주 양육자가 엄마라면 엄마가 주로 훈계를 담당하고 아빠는 따스한 사랑을 담당하는 것입니다. 물론 꼭 그래야 한다는 것은 아닙니다. 부부의 성격에 따라 역할을 분담하면 될 것입니다.

물론 엄마 아빠 둘 다 사랑도, 훈계도 많은 것이 가장 좋습니다. 그럼에도 내가 엄마가 훈계의 역할을 담당하는 것이 좋다고 생각하는 이유는, 자녀가 잘못했을 때 현장에서 바로 훈계할 수 있기 때문입니다. 가장 가까운 곳에서 자녀를 돌보는 사람이 그때그때 필요한 훈계를 해야 합니다. 잘못한 순간 바로잡지 않고 "이따 아빠 오면 혼날 줄 알아" 하면 아이는 자기가 무엇을 잘못했는지 잊어버려서 훈계에 효과가 없습니다.

또한 엄마에게 혼이 난 자녀가 나중에 집에 돌아온 아빠에게 "아빠, 오늘 엄마한테 혼났어" 하면 아빠는 "아이고, 엄마한테 혼났어? 엄마가 너를 사랑하니까 그런 거야. 그러니까 엄마 말 잘 들어야 해"라고 말해 주십시오.

## 엄마 아빠의 자녀교육 철학 일치하기

그런데 간혹 엄마 아빠의 교육 철학이 다르면 갈등이 일어납니다. 어디서 귀동냥으로 들은 것들이 있어서 '남이 그러는데 어릴 때는 그냥 두라더라', '우리 아버지는 이랬다', '우리 어머니는 저랬다' 하기 시작하면 난감해집니다.

자녀를 양육할 때 무엇보다 중요한 것은 '성경의 원칙'입니다. 부부가 성경적 원칙을 따르겠다고 합의하면 자녀교육 문제로 첨예하게 대립할 일이 없습니다.

그런데 남편이, 혹은 아내가 비신자일 경우 세상적 가치관으로 자녀를 양육하려 할 수 있습니다. 그럴 때 이 성경적 원칙을 분명히 알고 있으면 배우자를 설득할 수 있습니다.

그렇다면 성경적 원칙은 무엇입니까? 바로 예수님의 십자가 사랑으로 사랑하는 것입니다. 이 사랑은 어느 재판관의 예화에서 분명하게 나타납니다.

한 나라의 재판관이 백성 앞에서 어떤 죄를 지으면 사형시키겠다고 사람들에게 선포했습니다. 그런데 어느 날 그의 아들이 사형시키겠다는 그 죄를 짓고 온 겁니다. 이때 재판관이 "이제부터는 그 죄를 지어도 사형이 아니다"라고 말한다면 법은 우스워지고 재판관의 권위는 땅에 떨어질 것입니다. 그러나 재판관은 단호하게도 '그 죄의 대가는 여전히 사형'이라고 말하면서 자신이 입고 있던 법복을 벗고는 아들이 지은 죄에 대한 형벌을 대신 받겠다고 했습니다.

아들의 죄를 대신해서 형벌을 받겠다고 나선 재판관의 사랑이 바로 우리를 향한 예수님의 십자가 사랑입니다. 하나님의 사랑과 공의의 완성이 바로 십자가입니다. 하나님의 공의는 이처럼 무섭습니다. 그럼에도 하나님은 사랑이십니다.

자녀에 대한 부모의 사랑은 하나님의 이 같은 '사랑과 공의'를 대행하는 사랑이어야 합니다. 균형 잡힌 사랑과 훈계로 자란 자녀는 하나님과 사람에게 인정받게 될 것입니다. 하나님의 쓰임 받는 올바른 자녀가 될 것입니다.

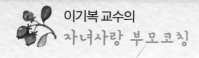
Q   흔히 아이들은 원래 착하다고 생각합니다. 저도 이 생각에 동의합니다. 아이들은 친구나 사회, 문화로부터 나쁜 것을 배운다고 생각합니다. 어떻게 생각하시는지 궁금합니다.

---

아이들은 겉으로 보기엔 아름답고 순수해 보이지만, 그 마음속에는 어쩔 수 없이 불순종과 죄에 대한 경향성이 내재되어 있습니다. "기록된 바 의인은 없나니 하나도 없으며 깨닫는 자도 없고 하나님을 찾는 자도 없고 다 치우쳐 함께 무익하게 되고 선을 행하는 자는 없나니 하나도 없도다"(롬 3:10-12). 어린 아이들을 보십시오. 가르친 적도 없는데 '싫어, 아니야, 내 거야, 미워' 같은 이기적 성향의 말을 곧잘 합니다.

성경은 인간이 하나님의 형상으로 지음 받았다고 말합니다. 그런데 하나님의 형상으로 창조된 인간은 자유의지를 잘못 사용했습니다. 하나님과의 교제를 스스로 끊어 버림으로써 불행과 저주를 자초했습니다. 그 결과 인간은 온전한 선을 행하고 싶어도 그 능력을 상실해 버렸고, 죄를 범하지 않으려 해도 여전히 죄를 짓는 '죄성'을 지니게 되었습니다. 우리의 사랑스러운 자녀도 마찬가지입니다.

인간이 지닌 죄성을 직시한다는 것은 인본주의가 주장하는 인간의 성선설을 인정하지 않는 것입니다. 우리 자녀는 죄성으로 '선함'의 능력이 없다는 것을 인정하는 태도입니다. 흔히 부모가 "우리 자녀는 원래 착했어요. 어려서부터 착했어요. 그런데 친구를 잘못 사귀어서 잘못된 길로 빠졌어요" 하고 하소연합니다. 물론 잘못된 친구 탓도 있지만, 그보다 더 근본적으로 내 자녀 속에 있는 죄의 경향성에 대해 무지했거나 소홀히 여긴 결과입니다. "죄가 너를 원하나 너는 죄를 다스릴지니라"(창 4:7)라는 말씀처럼 인간에게는 죄에 대한 소원과 경향성, 즉 죄성이 있으며 따라서 그것을 다스려야 합니다.

자녀의 죄성을 인식하는 부모는 훈계의 중요성을 잘 압니다. 성경적 훈계는 자녀에게 선함과 이타심과 하나님을 경외하는 법을 어려서부터 의도적으로 반드시 가르쳐야 한다는 것입니다.


Q 형제, 자매는 원래 이렇게 다투나요? 그럴 때 부모로서 어떻게 가르치고 중재해야 하나요?

---

형제 자매가 서로 싸우고 갈등하면서 크는 것은 어느 가정에서나 있는 일반적인 현상입니다. 그런 과정을 통해 사회성도 길러지고, 갈등을 극복하는 법도 배우게 됩니다.

그럴 때 부모는 각각의 자녀와 친밀감을 누려야 합니다. 그래야 아이들이 부모를 향해 신뢰를 쌓고, 편애를 한다는 의심을 하지 않습니다.

아이들이 말다툼을 할 때는 몸싸움으로 발전하지 않는 한 개입을 자제하십시오. 간혹 아이가 중재해 줄 것을 요구하며 부모에게 달려오는 경우도 있습니다. 이는 자기의 억울함을 호소하고 상대방을 야단치라는 의도로, 상대방이 부모에게 혼나는 것을 보고 싶은 마음에서 비롯된 행동입니다. 이때 아이의 말만 듣고 한 아이만 혼을 내서는 안 됩니다.

싸움이 일어났다면 각각 자기 입장과 주장이 있게 마련입니다. 그래서 누구의 잘잘못을 따지기가 어렵습니다. 혹시 부모가 어느 한 아이만 야단친다면, 야단을 맞는 아이는 부모의 편애를 의심하며 더욱 억울해 하고 분노를 느껴 싸움이 길어지고 심화되기 쉽습니다. 다시 말해 부모가 자녀의 싸움에 개입하면 오히려 싸움을 조장하는 결과를 낳기 쉽습니다.

아이들의 의견 차이가 좁혀지지 않아 말다툼이 끝나지 않을 것 같으면 부모가 나서서 싸움을 멈추라고 말해야 합니다. 싸움을 멈추라고 요구만 할 뿐 각자의 주장을 들어주어서는 안 됩니다. 한 아이가 일방적으로 잘못한 것이 아닌 이상 책망도 하지 말아야 합니다. 아이들끼리 타협하든지, 당분간 각자 따로 행동하든지 스스로 해결하도록 내버려 두십시오. 그러는 동안 각 자녀의 푸념은 그냥 들어만 주십시오.

부모는 자녀끼리 비교해서는 안 됩니다. 비교는 자녀 간의 우열을 가리게 되고, 시기심이나 분노, 열등감, 위축감, 우월감, 자만심, 경멸감 등 부정적인 감정을 초래할 수 있습니다. 이것이 형제 자매 간에 잦은 싸움의 원인이 되기도 합니다. 아이들 각자의 성향을 존중해 주십시오. 또한 형제가 같을 수 없음을 인정하십시오.

Q 저는 아이에게 단호하게 안 된다고 이야기하는 편인데, 남편은 별거 아닌데 그냥 들어주라고 아이를 감싸고돕니다. 남편과 의견이 일치되지 않아 갈등입니다.

---

엄마가 야단치는데 아빠가 자녀의 편을 들거나 감싸 주면 자녀는 혼란스러울 뿐 아니라 눈치를 배우게 됩니다. 부모가 먼저 일치함을 보이십시오. 자녀를 훈계할 때는 일관성이 매우 중요합니다. 혹시 부모 중 한 사람이 잘못 훈계해도 나중에 두 분이 따로 대화하십시오. 자녀 앞에서 불일치한 부모의 모습을 보이면 훈계는 제대로 이루어지지 않습니다.

때로 할머니, 할아버지가 아이 편을 들어주는 집도 있습니다. 그것 역시 부모의 권위를 추락시켜 훈계가 불가능해집니다. 자녀의 성품과 미래를 위해서 훈계하는 것임을 설명하면서 어른들의 협조를 구해야 합니다. 그러기 위해선 사전에 자녀양육의 철학과 방법에 대해 의논하는 것이 필요합니다. 관련 책을 읽거나 강좌를 들으면서 부부가 한 뜻으로 훈육 원칙을 정하는 것이 좋습니다.

## 04

# 훈계한 걸까,
# 상처만 준 걸까?

훈계에는 방법과 지침이 있습니다. 무조건 윽박질러
서도 안 되고, 감정적으로 대처해서도 안 됩니다. 훈계의 첫 번째
목적은 하나님의 성품을 전달하는 것이어야 하고, 그 성품은 곧 사
랑이어야 합니다. 그렇다면 어떻게 해야 자녀에게 상처를 주지 않
고 훈계할 수 있을까요?


**"너는 누가 뭐래도 내 딸, 내 아들!"**

올바른 훈계에 앞서서 자녀에게 안정감과 소속감을 느끼게 해주
는 것이 중요합니다. "너는 엄마 아들이야", "너는 아빠 딸이야" 하
는 것을 자녀가 느끼면 안정감이 생깁니다.

반대로 이 안정감이 없으면 자녀의 반항이 반복됩니다. 자녀의 반항은 '나를 붙잡아 주세요' 하는 SOS일 수 있습니다. 따라서 야단치기 전에 먼저 소속감을 느끼게 해주는 것이 중요합니다.

자녀에게 "너는 내 아들이야. 너는 누가 뭐라고 해도 하나님이 내게 맡기신 귀한 아들이야" 하고 말해 주십시오. 자녀는 안정감과 소속감을 느끼게 됩니다.

그리고 성경적으로 훈계하십시오. 훈계가 없을 때 자녀는 소속감을 느끼지 못해 안정감을 잃게 됩니다. 도대체 어떻게 살아야 할지 모르는데 바른 길을 알려 주는 사람이 없으니 불안한 것입니다. "얘가 왜 이렇게 말을 안 들어? 왜 이렇게 고집을 부려?"라고 하기전에 먼저 자녀 마음이 전하는 SOS의 메시지를 파악하십시오.


## 반항에도 이유가 있다

사춘기가 되면 자녀가 부모에게 반항하기 시작합니다. 이런 반항에는 적극적(Active)인 반항과 수동적(Passive)인 반항이 있습니다. 적극적인 반항은 자기주장이 분명하고 때로 거칠게 대들면서 반항하는 것을 말합니다. 수동적인 반항은 '알겠다'고 순종은 하면서도 일을 미루고 억지로 하고 대화를 기피하는 것을 말합니다. 사실 거칠긴 해도 속마음을 말로 털어놓는 적극적인 반항이 차라리 건강할 수 있습니다. 좀체 속마음을 알 수 없어 부모도 모르는 사이 내

면으로 병이 들 수 있습니다.

십대 사춘기 자녀를 훈계하기가 부모로서는 가장 어렵습니다. 어떤 때는 걷잡을 수 없이 화를 내다가도 어느 순간 말도 안 하고 우울해져서는 방에 들어가 나올 생각을 안 합니다. 왠지 표정도 어둡고 말하면 대답은 건성으로 하는데 도무지 소통이 되지 않아요.

그럴 때는 '왜 그러느냐'고 혼내기 전에 '도대체 애가 왜 그럴까, 왜 말을 안 들을까, 왜 반복적으로 실수할까'를 생각해 봐야 합니다. 자녀가 진심으로 바라는 속마음을 알아줘야 하는 것입니다.

자녀가 부모의 마음을 속상하게 하는 데는 몇 가지 이유가 있습니다. 사랑과 관심을 받고 싶은 마음입니다. 이 경우, 꼭 껴안아 주면서 "아빠가 너를 사랑하는 거 알지? 사랑해" 하는 것이 어쩌면 열 마디 훈계보다 더 효과적일 수 있습니다. 가령, 첫째가 동생을 때렸을 때 "이리 와 봐. 사랑해" 하고 안아 주면 첫째는 동생에게 친절하게 대하기 시작합니다. 어떤 말로 훈계하지 않아도 사랑받고 싶고 관심받고 싶은 욕구가 채워졌기 때문에 마음이 한없이 너그러워지는 것입니다.

칭찬받고 싶고 인정받고 싶어서 반항하는 경우도 있습니다. 많은 부모들이 특히 첫아이에게 거는 기대가 상당합니다. 그래서 모든 부모가 '혹시 우리 애가 천재가 아닐까' 하는 생각을 한 번쯤은 합니다. 말문이 빨리 트이는 걸 보고 천재가 아닐까 하고, 남들보다 빨리 걸어도 혹시 천재가 아닐까 합니다. 그런데 이런 높은 기대가 칭찬에 인색한 부모로 만들기 쉽습니다. 기대치가 너무 높으니 아무리 잘해도 '잘했다'고 칭찬해 주기가 쉽지 않기 때문입니다.

그러면 자녀는 부모의 높은 기대치를 낮추기 위해, 혹은 부담스런 그 기대를 포기하게 하기 위해 반항이라는 카드를 빼어 들게 됩니다. 이때 진심어린 칭찬 몇 마디가 자녀를 변화시킵니다.

한편, 엄마 아빠의 싸움을 중지시키기 위해 반항을 하기도 합니다. 예를 들어, '내가 토하니까 엄마 아빠가 싸우던 것을 멈추더라' 하는 경험이 있으면, 자녀는 부모가 싸울 때마다 토하려고 합니다. 자녀는 이렇게 부부싸움을 중지시키기 위해 자기가 할 수 있는 모든 수단을 동원합니다. 처음엔 자기 몸을 괴롭히다가 나중엔 부모를 괴롭힘으로써 싸움을 중지시킵니다. 부부싸움이 잦은 가정이라면, 반항이 거기에 기인한 게 아닐까 고려해 봐야 합니다.

자녀 앞에서 싸우지 마십시오. 반드시 짚고 넘어가지 않으면 안 되는 문제라면 자녀가 없는 자리에서 하십시오. 자녀 사랑의 가장 큰 실천은 부부가 서로 사랑하는 것에서 시작됩니다. 부모가 서로 사랑하고 용서하는 모범을 보이는 것만큼 좋은 교육이 없습니다.

## 지나친 설명보다 행동으로

아직 어린 자녀는 아무리 좋은 말도 너무 길게 하면 곧 관심이 흩어집니다. 어떤 엄마들은 이론적인 설명까지 하는데, 유감스럽게도 아이는 이해하지 못합니다. 예를 들어, 어떤 엄마는 바깥에서 실컷 놀고 돌아온 어린 자녀에게 손을 씻게 하겠다고 "자, 손에는 병균이 있어서 이 손으로 음식을 먹으면 세균이 입으로 들어가고…" 하면서 장황하게 설명합니다. 그러나 아이들은 손 씻으러 뒤돌아가는 순간 다 잊어버립니다.

그럴 때는 "손 씻자!" 한마디 하고 함께 손을 씻으러 가는 것이 더 좋습니다. 설명만 줄줄 늘어놓고 정작 엄마가 손을 안 씻으면 아이들이 뭘 보고 배웁니까? 엄마도 같이 손을 씻는 것이 더 확실한 교육이 됩니다.

어린 자녀가 잘못했다면 장황하게 설명해서 승복을 얻어 내는 것보다 단호하게 꾸짖는 것이 더 교육적입니다. "네가 동생을 때린 것은 엄마 아빠가 너를 사랑하지 않는 것처럼 느껴져서 그런 거야?" 하면 아이들은 "응" 하고 대답하지만, 사실 그 말이 무슨 말인지 이해도 못하고, 본심이 아닐 때도 많습니다. 나중에는 하도 설명을 하니까 자기가 뭘 잘못했는지도 모르는 채로 그냥 기계처럼 "응, 응" 합니다.

잘못을 했으면 간단하게 그 자리에서 야단을 치십시오. 어떤 엄마는 아침에 잘못한 것을 가지고 저녁에 훈계하는 경우도 있는데 자녀는 이미 아침의 일을 잊어버린 뒤입니다. 되도록 잘못한 그 자리에서 따끔하게 훈계하며 행동을 수정해 주는 것이 바람직합니다.

## 가장 중요한 일관성

아이들은 우리가 생각하는 것보다 똑똑합니다. 엄마, 아빠에 대해서 잘 압니다. 만약 엄마가 안 된다고 한 일을 아빠가 허락해 주면 훈계가 되겠습니까?

예를 들어 엄마는 자녀가 아이스크림을 사 달라 하자 단호하게 안 된다고 했습니다. 그런데 아빠가 "그러지 말고 하나만 사 줘" 하면 아이는 안 된다는 것을 배우지 못합니다. 그럴 때는 아빠도 "엄마가 안 된다고 했으니 안 되는 거야"라고 해야 엄마의 말에 권위와 일관성이 생깁니다.

그리고 한 번 "아이스크림은 안 돼. 너무 달아서 몸에 나빠요" 했으면 그날은 절대 안 돼야 합니다. "오늘만 사줘요", "하나만 먹을게요" 하고 졸라도 안 돼야 합니다. 다음 날은 사 줘도 좋지만, '오늘은 안 된다'는 엄마의 말에 일관성이 있으려면 그날은 안 되는 겁니다. 큰소리 칠 필요도 없습니다. 한 번 안 된다고 한 것은 안 되는 것을 아는 것, 이게 일관성 있는 부모의 권위입니다.

때로 시부모를 모시고 사는 가정의 경우, 시어머니와 엄마가 각각 훈계를 다르게 해서 문제가 될 때가 있습니다. 엄마가 "이제 TV는 그만 보자" 했는데 할머니가 "할머니 방에 와서 봐" 하면 엄마의 권위가 세워지지 않습니다.

나도 언젠가 이 일로 사위에게 한마디 들었습니다. 딸네 가족과 식당에 가서 저녁을 먹는데 딸이 큰 손주한테 야단을 치는 겁니다.

그래서 내가 "쟤는 큰애한테만 혼을 내더라" 하면서 작은 소리로 중얼거렸습니다. 그랬더니 사위가 나를 따로 부르더니 "어머니가 엄마의 권위를 세워 주라고 하셨으면서 그렇게 말씀하시면 어떡해요?" 했습니다.

내가 아무리 작게 말했다지만 아이들은 눈치가 빨라서 못마땅해 하는 내 얼굴을 보고 벌써 분위기를 파악합니다. 엄마의 권위를 세워 주려면 할머니도 부모의 훈계를 지지해 주어야 합니다. 그렇지 않으면 아이들은 부모의 권위를 따르기가 어렵습니다.

## 화내는 엄마 vs. 훈계하는 엄마

많은 부모들이 그래선 안 된다는 걸 알면서도 감정적으로 야단 치고 혼을 내는 실수를 범합니다. 부부싸움하고 나서 자녀한테 화를 쏟아 붓고 몸이 피곤해서도 자녀한테 화를 냅니다. 부모는 훈계라는 이름으로 화를 내지만 자녀는 그것이 훈계가 아니라 부모의 분노 폭발인 것을 잘 압니다. 억울하지요. 힘이 없는 아이는 항변할 수 없으니까 그것이 그대로 상처가 됩니다.

그러므로 화가 나는데 그 자리에 자녀가 있다면 자녀와 멀리 떨어져서 심호흡을 하십시오. 그리고 "하나님, 이 화가 아이의 잘못 때문입니까, 저의 분노일 뿐입니까?" 하고 기도해 보십시오. 우리는 나의 상태를 정확하게 진단하지 못하거니와 알더라도 인정하고 싶어 하지 않지만 하나님은 분명하게 진단하시고 우리를 굴복시키실 수 있습니다. "넌 지금 너 자신 때문에 화가 났을 뿐이다" 하신다면 "하나님, 아이를 위한 훈계가 되게 해주세요" 하고 기도하십시오.

한편, 부부관계가 좋은 가정은 분노가 적습니다. 엄마 아빠가 행복하면 자녀도 행복합니다. 그러므로 엄마는 아빠의 정서를, 아빠는 엄마의 정서를 보살펴야 합니다. 아빠 때문에 불행한 엄마는 자녀를 불행하게 만듭니다. 가족 구성원은 이렇게 유기적 상호 관계로 움직입니다.

분노가 많은 부모의 감정 폭발을 받고 자란 자녀는 마찬가지로 분노를 절제하지 못합니다. 억울하게 당한 자녀는 언젠가 쌓인 감정과 분노를 폭발시킬 것입니다.


## "누구나 실수한단다"

성적을 가지고 훈계하는 것은 훈계가 아닙니다. 어떤 엄마는 시험 문제 틀린 개수를 따져서 자녀를 야단칩니다. 공부라는 것은 배우는 과정입니다. 반복되는 실수를 통해서도 배우는 것이 있습니다. 그러나 지금 실수한 것을 가지고 야단치면 자녀는 배움에 대한 거부감과 두려움을 배울 뿐입니다.

그릇을 가져오다가 깨뜨렸을 때, 제 딴에는 엄마를 도와주려고 했는데 그걸 가지고 야단친다면 그것은 훈계가 아닙니다. 다섯 살, 여섯 살이 한 번도 안 넘어지고 안 깨뜨리는 것이 더 이상한 것입니다.

훈계는 잘못을 교정해 주는 것이지만, 실수를 통해 배우고 성장하도록 돕는 것이 더 큰 목적입니다. 부모의 욕심대로 끌고 가는 것은 훈계가 아닙니다. 더 나은 결과를 바라기 전에 욕심과 성급함을 내려놓으십시오. 아이들은 지금 자라는 중이고 실수하며 배우는 중이며 성장하는 중이라는 사실을 기억하십시오. 그럴 때 부모는 "아빠는 학창 시절 일등을 놓쳐 본 적이 없단다"고 말하는 대신 "길게 봐라. 성적은 떨어질 때도 있고 오를 때도 있단다" 하고 말해 줄 수 있습니다. "건사도 못하면서 그릇은 왜 가져와서 깨뜨리니?" 라고 하면 자녀는 건강한 시도조차 안할 것입니다. 오히려 "다친 데는 없니? 너만 괜찮으면 그릇 깨진 건 괜찮아. 누구나 실수한단다" 하고 말해 줄 수 있어야 합니다.

## 훈계라는 이름으로 상처 주지 않기

"네가 얼마나 나쁜 줄 알아! 너 몇 대 맞을 거야?"

"세 대요."

"세 대 가지곤 안 돼! 열 대 맞아. 그리고 한 대 맞을 때마다 '잘못했어요' 해!"

어떻습니까? 이것이 훈계일까요? 자녀에게 죄책감이라는 상처만 심어 주는 것입니다. 한 대 맞을 때마다 '잘못했다'고 말한 아이는 나중에 '나는 나쁘고 형편없는 사람이야'라고 생각하게 됩니다.

자녀가 둘인 한 아빠가 첫째에게 "동생은 책상 정리도 잘하고 아빠한테 물도 떠다 주는데 너는 뭐 하는 거냐?" 하니까 둘째가 방에 들어가더니 책상을 더 열심히 치우더랍니다. 아빠는 또 그런 둘째를 보며 첫째에게 "동생 좀 봐라. 너는 맞아야 할래?" 하자 방에 있던 둘째가 어느새 매를 들고 와서 아빠에게 내밀더랍니다. 비교하면서 훈계하지 마세요. 비교의식만 심어 줄 뿐입니다.

"앞집 애는 이번에 전교 1등 했다더구나" 하는 엄마의 말 한마디에 자녀는 잘 지내던 앞집 애가 미워집니다. 비교의식을 심어 주는 말을 하지 않도록 조심해야 합니다.

또한 훈계한다면서 두려움을 줘서는 안 됩니다. 아파트에서 살 때 옆집에서 "나가!" 하는 엄마의 고함소리가 들리더니 문이 탁 닫히는 소리가 났습니다. 마음이 안 되어 나가 보니 여섯 살 난 아이가 복도에서 얇은 옷을 입고 오돌오돌 떨고 있더군요. 어떤 엄마는 아이가 잘못하면 화장실 불을 끄고 어둠 속에 30분씩 있게 했답니다. 이 아이는 20대가 되었을 때 폐쇄공포증을 앓아서 지하철이나 엘리베이터도 못 타게 되었다고 합니다. 두려움을 주는 것은 훈계가 아닙니다.

거절감을 주는 훈계도 자녀에게 상처를 남깁니다. "너 그렇게 하면 미워. 나는 네 엄마 안 할 거야", "너 그렇게 하면 아빠 딸 아니야" 같은 말은 자녀의 존재 자체를 거부하는 말입니다. 자녀가 실수했을 때는 도와주고 고쳐주며 '너의 존재는 실수해도 사랑스럽다'는 메시지를 심어 주어야 합니다.

다시 강조하지만, 훈계의 목적은 징계가 아니라 교정이고 훈련이며 그 결과는 성장이어야 합니다. 성장시키고 발전시키지 못할 것이라면 차라리 훈계하지 않는 것이 낫습니다. 적어도 자녀의 마음에 상처를 남기지는 않을 것이기 때문입니다.


## 훈계의 마무리는 기도로

무엇보다 훈계하기에 앞서 자녀가 부모의 사랑을 충분히 받고 있다는 느낌을 심어 주어야 합니다. '너 때문에 행복하다, 네가 자랑스럽다, 네가 정말 사랑스럽다'고 평소에 충분히 말해 주십시오. 그래야 부모의 훈계가 사랑으로 느껴집니다. 사랑해 주지 않으면서 훈계만 하면 자녀는 상처만 받습니다.

그래서 훈계 없는 사랑, 사랑 없는 훈계는 자녀에게 모두 상처가 될 뿐입니다. 자녀가 부모의 훈계를 사랑의 또 다른 모습으로 느낄 때 훈계를 제대로 한 것입니다.

자녀를 훈계하고 나면 반드시 기도로 마무리하십시오. 이때 "하나님, 다시는 얘가 이런 일을 되풀이하지 않게 해주세요" 같은 기도는 하지 마십시오. 자녀를 고쳐 달라 기도하면 하나님은 "너나 고쳐라" 하실지도 모릅니다. 기도는 자녀 들으라고 하는 것이 아닙니다.

"하나님, 저는 자녀를 잘 키울 지혜가 부족한 사람입니다. 제가 우리 아들을 잘 가르칠 수 있도록 도와주시고 이 아이가 하나님 앞에서 바로 자랄 수 있도록 도와주세요."

이렇게 하나님께 진심을 담아 기도할 때 자녀는 그 기도 소리를 듣고 사랑을 배웁니다. 기도하면서 꼭 안아 주는 것도 좋습니다.

평소에 엄마 아빠가 자기를 사랑한다는 걸 자녀가 충분히 알고 느끼게 해주십시오. 그러면서 제한과 질서와 순종을 가르치십시오. 그것이 하나님의 사랑이며 자녀를 바른길로 인도하는 참사랑입니다.

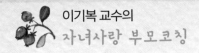

Q   26개월밖에 안 된 아이가 벌써부터 말을 듣지 않습니다. 아이를 때려
서는 안 되겠죠?

야단을 쳐도 아이가 말을 잘 듣지 않으면 매를 들게 됩니다. 하
지만 체벌은 최후의 수단으로 선택해야 합니다. 너무 어린 나이에
체벌을 하게 되면 아이가 오히려 부모에 대해 공포감을 가질 수 있
습니다. 아이들의 경우, 옳고 그름을 판단하더라도 매를 맞으면 잘
못을 인정하기보다 매를 맞았다는 사실에 수치심과 복수심을 느낄
수 있습니다. 또한 어떻게 하면 매 맞는 상황을 피할까 요령을 배우
게 되거나 유치원이나 학교처럼 엄마가 보지 않는 곳에서 공격적인
행동을 할 수도 있습니다.

체벌을 고민하기 전에 먼저 아이가 왜 말을 듣지 않는지 들어
주십시오. 또 잘못을 거듭한다면 아이를 주의 깊게 살펴보아야 합니
다. 부모가 아이에게 요구하는 것이 나이에 비해 너무 어려운 것은
아닌지, 자녀의 성격이나 능력 차이 때문에 생긴 결과는 아닌지 돌
아보십시오.

성경적 훈계는 벌(Punishment)을 받는 것이 아닙니다. 과거에 대
한 응징이 아니라 미래지향적인 수정(Correction)과 훈련(Discipline)이

성경적 개념의 훈계입니다. '나를 사랑하시기에 나의 잘못을 다스려 주며 고쳐 주시는구나'라고 부모의 사랑을 느낄 수 있도록 훈계해야 합니다. 그러므로 자녀를 훈계하기 전에 먼저 부모인 자신의 마음을 다스리십시오. 화가 나서 매를 드는 것이 아니라, 자녀의 앞날을 위해 교육시키는 마음으로 훈계하십시오.

체벌은 가급적 최후의 방법으로 선택하고, 대신에 먼저 아이가 누리던 혜택을 잠시 중지한다든지, 간단하고 명료하게 말로 꾸짖어 아이가 감정을 조절할 수 있는 시간을 주는 타임아웃 방법을 사용하십시오.

Q 아이가 동네 가게에서 물건을 훔쳐 왔습니다. 가슴이 철렁해서 이건 나쁜 행동이라며 혼을 냈습니다. 아이에게 도둑질이 나쁜 일이라는 걸 어떻게 가르쳐야 할까요?

아이들이 무엇을 집어 온다고 너무 놀라지 마세요. 어린아이들은 아직 충동을 제어하는 힘이 약합니다. 더구나 5세 전에는 그것이 나쁜 행동이라는 인식 자체가 없습니다. 아직 소유에 대한 개념이 충분히 발달하지 않았기 때문에 흥미를 끄는 물건을 보면 참지 못하고 가져오는 것입니다. 그러므로 부드럽고 분명하게 잘 타일러 아이와 함께 가서 물건을 돌려주십시오. 그리고 "죄송합니다. 내 물건이 아닌데 가져왔어요. 다음부터는 그러지 않겠습니다"라고 말하게 하십시오. 그러면 자녀에게 좋은 가르침과 교훈이 될 것입니다.

한 번도 남의 물건을 허락 없이 가져오지 않고 성인이 된 사람은 매우 드뭅니다. 어른이 되어서 남의 책, 도서관 책을 돌려주지 않는 사람도 많으니까요. 물론 그때도 행동을 고쳐야 하겠죠.

그럼에도 소유의 개념을 알게 된 5~6세 자녀가 남의 물건을 집어 왔다면 그 행동을 하게 된 내적 동기를 살펴볼 필요는 있습니다. 도덕성이 결여되었거나 어려운 가정환경, 소심한 성격, 다른 것을 얻고 싶은 대리욕구, 호기심, 재미 등 여러 가지가 있습니다. 잘 살펴보고 거기에 맞는 훈계와 정확한 방침을 주어 행동을 수정할 수 있도록 해야 할 것입니다.

## 05

# 은혜비를 머금고
# 고이 자라나는 자녀

은혜란 따스한 햇빛과 같습니다. 햇빛을 받기만 해도 인체에는 비타민D가 생성되고, 자연에서는 꽃과 열매가 피어나는 것처럼, 은혜는 모든 생명을 소생케 하고 자라게 합니다. 은혜는 또한 하늘에서 내려오는 비와 같습니다. 메마른 땅을 적시어 생명의 토양이 되게 하는 비처럼, 은혜도 우리 마음을 늘 촉촉하게 만듭니다.

이러한 햇빛과 비는 우리가 노력하지 않아도 주어집니다. 돈이 있어서도 아니고 착해서도 아닙니다. 그 어떤 자격 유무와 상관없습니다. 은혜도 그렇습니다. 그래서 은혜란 '내리사랑'입니다. 은혜 받겠다고 애쓰고 노력하고 안간힘과 용을 쓸 필요가 없습니다. 은혜의 수혜자는 자기 모습 그대로 존재하면서, 내려오는 은혜를 먹으며 받아들이면 됩니다.

그래서 부모사랑의 다른 말은 은혜이고, 은혜의 다른 말은 부모의 '조건 없는 사랑'입니다. 은혜를 아는 부모는 자녀가 예쁘든 밉든, 공부를 잘하든 못하든, 자격이 있든 없든 간에 자녀에게 사랑을 부어 주고 먹여 줍니다.

결과적으로 우리는 은혜를 받으면 새 사람으로 거듭납니다. 그것이 은혜의 힘입니다. 당신은 은혜의 법칙으로 자녀를 키우십니까? 아니면 "노력해라. 더 잘해야 엄마 아빠가 사랑할 거야"라고 말하고 있습니까?


## 은혜의 반대는 조건부 사랑

세상은 뭐든 노력하고 잘해야 그에 대한 보상이 돌아오는 법칙으로 작동되고 있습니다. 어찌 보면 당연한 것 아닌가 생각하기 쉽습니다. 그러나 어린 자녀를 생각해 보십시오. 아기는 노력하지 않아도 엄마가 젖을 주고 사랑을 줍니다. 아기가 젖을 받으려고 노력할 필요가 없습니다. 그러나 자녀가 조금씩 크면서 부모는 "네가 그렇게 엄마 말을 안 들으면 엄마가 너를 사랑할 수 있겠어, 없겠어?"라고 다그칩니다.

하루 동안 당신이 자녀에게 하는 말을 되새겨 보십시오. '노력해라, 최선을 다해라, 더 잘해라, 실수하지 마라' 같은 말로 끊임없이 더 잘하라고 요구하지는 않습니까? 노력하고 애쓴 만큼만 칭찬하지는 않습니까? 더 높은 기준을 만들고, 그것을 성취하도록 등을 떠밀지는 않습니까? 바깥세상은 그렇다 치고, 가정에서조차 노력해야 칭찬받고 성과를 보여야 인정하는 것입니다.

성적표를 가져온 자녀에게 "네가 최선을 다했다고 생각하니?" 하고 물으면 누구도 감히 '최선을 다했다'고 대답할 수 없습니다. 나는 그렇게 물으며 질책하는 부모에게 "당신은 최선을 다해 살고 있으신가요?"라고 되묻고 싶습니다. 도대체 '최선'이란 얼마나 잘해야 되는 것일까요? 나는 '최선'이란 말을 들으면 막막하고 갑갑하고 갑자기 힘이 빠집니다. 어느 때는 모든 것을 포기하고 싶은 마음이 들기도 합니다.

어느 날, 딸이 큰아이에게 받아쓰기를 가르치고 있었습니다. 20여 분 동안 틀린 것을 다시 쓰고 반복하여 드디어 10개를 다 맞혔습니다. 그러자 딸이 아이에게 "그래, 내일부터는 더 열심히 하자"하고 마무리했습니다. 그 모습을 보고 나는 안타까운 마음에 "에고 엄마야, '참 잘했다, 오늘 정말 잘했네, 엄마가 행복하다'라고 하지" 했습니다. 그랬더니 딸이 "아까 내가 뭐라고 했지요? 별 생각 없이 말했는데"라고 했습니다. 그렇습니다. 우리는 별 생각 없이, 무심코 던진 말이지만, 자녀는 칭찬과 은혜를 받지 못한 시간이 되는 것입니다.

무심코라도 '실수하면 안 돼, 틀리면 안 돼, 머리 모양이 왜 그래, 제대로 해, 내일은 더 잘해'라는 말을 사용하지 말기를 연습하세요. 대신 '사람은 누구나 실수할 수 있단다, 실수해도 사랑해, 무슨 일이 있어도 엄마 아빠는 너를 사랑해'라는 메시지를 전하고 또 전하십시오. 당신은 자녀를 은혜의 법칙으로 키우고 있습니까, 조건부 사랑으로 키우고 있습니까?

## 하나님의 은혜, 조건 없는 사랑

우리가 아직 연약할 때에 기약대로 그리스도께서 경건하지 않은 자를 위하여 죽으셨도다 의인을 위하여 죽는 자가 쉽지 않고 선인을 위하여 용감히 죽는 자가 혹 있거니와 우리가 아직 죄인 되었을 때에 그리스도께서 우리를 위하여 죽으심으로 하나님께서 우리에 대한 자기의 사랑을 확증하셨느니라 롬5:6-8

허물로 죽은 우리를 그리스도와 함께 살리셨고… 너희는 그 은혜에 의하여 믿음으로 말미암아 구원을 받았으니 이것은 너희에게서 난 것이 아니요 하나님의 선물이라 행위에서 난 것이 아니니 이는 누구든지 자랑하지 못하게 함이라 엡 2:5, 8-9

하나님의 사랑은 완전한 은혜이며 조건 없는 사랑입니다. 위의 성경 말씀대로 그분은 연약한 우리, 경건하지 않은 우리, 죄인인 우리를 먼저 사랑하셨습니다. 그 사랑은 행위나 조건과 상관없이 오로지 하나님의 선물이며 오직 하나님의 은혜입니다.

누가복음 15장에는 예수님의 탕자의 비유가 나옵니다. 그 비유에서 아버지는 자기 분깃을 미리 받아 집을 나갔다가 완전히 실패하고 돌아온 아들을 조건 없이 다시 아들로 받아들입니다. 혼을 내기는커녕 버선발로 달려 나가 반기고는 성대한 잔치를 엽니다. 아들의 어떠함 때문이 아니라, 단지 아들이기 때문에 다시 돌아온 것을 기뻐하는 것입니다. 하나님 아버지가 바로 이 비유 속 아버지와 같습니다.

마태복음 25장의 달란트 비유에서도 우리는 하나님의 은혜를 떠올릴 수 있습니다. 마치 세 종에게 각각 달란트를 맡긴 것처럼, 하나님도 각 사람에게 재능과 은사와 달란트를 맡겨 주셨습니다. 그런데 그중에서도 한 달란트를 받은 종이 "주인이여 당신은 굳은 사람이라… 두려워하여 나가서 당신의 달란트를 땅에 감추어 두었었나이다"(25:24-25)라고 말한 것처럼, 우리는 때로 하나님을 무섭게 야단치고 부당하게 대우하는 분으로 생각하여 두려워합니다. 그래서 한 달란트 받은 종처럼 실패할 것을 두려워하며 아무 일도 하지 못합니다. 하나님 아버지를 오해한 것입니다.

그러나 하나님은 전혀 두려운 분이 아닙니다. 실패할까 봐, 야단맞을까 봐, 거부당할까 봐 두려워할 필요가 없는 분입니다. 오히려 실패했을 때 두려움 없이 달려가서 안길 수 있는 곳이 바로 하나님 아버지의 품입니다.

이러한 하나님 아버지의 품을 대신해 주어야 하는 것이 부모입니다. 그러나 부모가 자녀의 잘못을 추궁하고 실수를 용납하지 않으면 자녀는 자기 은사와 달란트를 개발하지 못합니다. 실수가 두려워 아무런 도전도 하지 못합니다. 부모가 무서워서 건강한 모험(Risk taking)조차 시도하지 않습니다.

사랑 안에 두려움이 없고 온전한 사랑이 두려움을 내쫓습니다(요일 4:18). 두려움을 주지 않는 사랑을 하십시오. 그래서 자녀가 두려움 없이 마음껏 자신을 탐험하도록 시도하게 하십시오.

예수님은 이 땅에서 살면서 우리에게 온전한 사랑의 본을 보이셨습니다. 그래서 '죄인의 친구'라는 별명을 얻으셨습니다. 죄인인 우리를 용서하시고 조건 없이 사랑하신 것입니다. 이것이 은혜입니다. 은혜의 동의어는 예수 그리스도입니다. 만일 자녀에게 "예수님이 너를 사랑하신단다"라고 말해 주었을 때, 자녀가 "엄마 아빠가 나를 사랑한 것처럼 예수님이 나를 사랑하는 거죠?" 하고 말한다면 당신은 부모로서 성공한 것입니다. 그때 부모는 "엄마 아빠도 너를 정말 사랑하지만, 예수님은 그보다 백 배, 천 배 너를 사랑하신단다"라고 말해 주십시오.

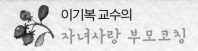

Q  큰딸이 요즘 십대가 되었는데 너무나 말을 안 듣고 반항을 합니다. 아무리 훈계해도 듣지 않고 나쁜 친구들하고도 어울리더니, 최근에는 백화점에서 물건을 훔치다가 잡혀 경찰서에서 연락이 왔습니다. 어찌해야 할까요?

---

사춘기 자녀가 속을 썩이고 반항을 하는 것은 온 집안의 근심거리가 아닐 수 없습니다. 혹시 다음 몇 가지를 점검하시기 바랍니다.

**첫째, 자녀가 학교 성적이나 공부 못하는 것 때문에 늘 아빠 엄마에게 핀잔 듣고 있지는 않은가요?** 지나친 학업 스트레스에 시달리며, '나는 공부를 못해서 부모님을 늘 실망시킨다'거나 '나는 부모님의 기대치에 미치지 못해서 사랑받지 못해' 하며 자포자기에 빠져 있지는 않은지를 살펴보세요.

**둘째, 엄마 아빠가 최근 자주 갈등하며 다투지는 않았는지도 살펴보세요.** 혹시 자녀가 집에 들어오기 싫어 밖으로만 도는 것은 아닌지, 반항하거나 분노할 만한 원인이 가정에 있지는 않은지 점검해 봐야 합니다.

**셋째, 자녀가 사고 싶은 물건에 부모가 너무 인색하거나, 혹은 자녀의 욕구를 아예 무시하지는 않았는지도 살펴보세요.** 아니면 자녀가 사고 싶은 것에 대해 말을 꺼낼 수도 없는 가정의 분위기는 아닌지도 생각해 보세요.

**넷째, 자녀가 부모의 관심이나 사랑을 받고 싶은 것은 아닌지 살피시기 바랍니다.** 부모가 다른 일이나 사업에 열중하는 나머지 자녀에게 시간과 관심을 기울이지 못한 것일 수도 있습니다. 그럴 때 자녀는 사랑의 결핍을 느끼며 돌발적인 행동을 하기도 합니다.

**다섯째, 자녀를 향한 아빠의 태도가 어떠한지도 중요합니다. 딸에게는 특히 아빠의 사랑과 관심이 중요합니다.** 아빠가 딸과 단둘이서 데이트를 하며 즐거운 시간을 보내 보는 것도 좋습니다. 그럴 때는 딸의 속 이야기를 경청하고 친구처럼 맞장구치며 자녀를 편안하게 해주어야 합니다.

**여섯째, 평소 엄마로서 권위를 잃지는 않았는지도 점검해 보세요.** 자녀에게 쩔쩔 매지는 않았는지, 잘못해도 그냥 내버려 두지는 않았는지 생각해 보세요.

원인을 알았다면 이제 이렇게 해 보기를 권유합니다. 먼저 경찰서에 가서 딸을 안아 주세요. 그리고 "많이 겁나지? 괜찮아. 같이 해결하자. 무슨 일이 있어도 엄마 아빠는 너와 함께할게. 벌을 받아도 같이 받자. 무슨 일이 있어도 너는 우리 딸이야. 사랑해"라고 말해 주세요. 조건 없는 사랑을 이번 기회에 표현해 주세요.

그리고 물건을 훔친 것에 대한 법적 대가는 스스로 치르게 하세요. 부모가 대신 용서를 빌거나 쉽게 보상해 주지 말고, 일단 본인이 과정을 겪게 하십시오. 그러는 동안에도 "누가 뭐래도, 무슨 일이 있어도 너는 우리 딸이다. 사랑한다"고 표현해 주십시오.

이번 사건으로 부모의 사랑을 느끼고, 잘못한 일에 대해 책임지는 것을 배운다면 딸에게는 오히려 큰 유익이 될 것입니다.

# Part 2

# 사랑하면 보인단다

자녀의 닫힌 마음 문을
여는 법

## 06

## 엄마는 대화,
## 자녀는 잔소리

학교에서 아이가 돌아와 가방을 던지고 울고불고 야단을 합니다. 혹은 인사도 없이 방에 들어가 문을 잠그고 나올 생각을 안 합니다. 그때 어떻게 반응합니까? 혹시 "얘가 왜이래? 학교 갔다 왔으면 '다녀왔습니다' 인사를 해야지 엄마한테 버릇없게 왜이래?" 합니까?

그런데 문제는 그게 아닙니다. 학교에서 어떤 일이 있었기에 짜증과 분을 내고 침울해 하는지를 읽을 수 있어야 합니다.

이때 부모와 자녀 사이에 열린 대화가 이루어지면 사실 그 일은 큰 걱정으로 번지지 않을 수 있습니다. 자녀가 학교에서 있었던 일을 털어놓을 수 있다면, 그것이 곧 해결의 시작이 될 수 있습니다. 문제는 부모와 자녀 사이에 대화가 이루어지지 않는다는 것입니다.

## 잔소리해 놓고 대화했다고?

자녀와 대화가 잘된다고 생각합니까? 어떤 부모는 곧 '그렇다'고 말하는데, 정작 자녀에게 물어보면 이야기가 다릅니다. '우리 부모님은 내 마음을 전혀 모르십니다, 아버지와 대화하려면 마음이 답답합니다, 잔소리가 지긋지긋해요, 엄마랑 이야기를 하면 자꾸 화가 납니다, 아빠는 자기만 옳다고 하시는 걸요'라고 대답합니다. 우리 자녀들이 막상 자신의 고민을 마음껏 터놓고 이야기할 데가 없다는 말입니다.

만일 어떤 집사님이 얼굴을 정색하면서 "내가 충고 하나 해줄까요?" 한다면 마음이 어떻겠습니까? 요청받지 않은 충고는 비난입니다. 그러한 충고는 사람을 변화시키지 못합니다. 구구절절 아무리 좋은 말이라도 충고를 듣고 감동받았다고 하는 사람은 없을 것입니다.

하물며 사춘기 자녀는 어떻겠습니까? 부모 입장에서 "대화하자" 하고는 일방적으로 부모의 생각을 쏟아놓았다면 그것이 진정 대화일까요? 혹시 잔소리는 아니었습니까? 아이들은 부모의 구구절절 옳은 말을 '잔소리'라고 합니다. 잔소리는 대화가 아닙니다. 충고는 대화가 아닙니다. 사춘기 자녀가 부모의 잔소리를 듣고 행동을 바꿨다는 얘기는 들어 본 적이 없습니다. 충고를 멈추십시오. 비난과 잔소리를 멈추십시오.

## 자녀 대신 보고 느끼고 생각해 주는 부모

부모와 자녀가 함께 상담실을 찾으면 종종 발견되는 풍경이 있습니다. 상담사가 자녀에게 묻습니다.

"요즘 학교 잘 다니니?"

그러면 부모가 곧 대신 답을 합니다.

"얘가 요즘 학교를 안 가려고 해요."

다시 아이의 눈을 마주보며 "친구 많이 있니?"라고 물으면 다시 부모가 "없어요"라고 답을 합니다. 자녀가 자기 생각을 말해야 하는데 부모가 그 기회를 주지 않는 겁니다. 이것을 대변인이라고 부릅니다.

자녀가 자기 생각과 의견, 감정을 표현하도록 기회를 허락하세요. 잠시 부모의 말을 내려놓고 자녀의 이야기를 기다리세요. 자신을 표현할 수 있도록 도와주세요.

어린 자녀는 표현력을 배워야 합니다. 사람은 자기 생각을 입으로 말하지 않을 때 표현력이 떨어질 수밖에 없습니다. 누구든지 생각이 있고 느낌이 있고 꿈도 있습니다.

가족 상담가 사티어(Satir)는 이런 말을 했습니다.

"아이는 자기가 생각한 대로 표현할 수 있는 자유가 있어야 한다. 아이는 자라면서 자기가 느낀 것을 변형시키지 않고 느낀 대로 표현할 수 있어야 한다. 그리고 자기가 바라고 믿고 생각한 대로 모험할 수 있어야 한다. 두려움 없이 자기를 표현하여 나아갈 수 있어야 한다."

그가 쓴 시도 있습니다.

나는 본다.

나는 듣는다.

나는 생각한다.

나는 느낀다.

아무도 나일 수 없다.

그 누구도 나에게 강요할 수 없다.

나는 성장한다. 그리고 내가 바라는 것을 선택한다.

그리고 그런 것들을 향해서 마음껏 나아갈 수 있다.

그렇습니다. 자녀는 인격체입니다. 자녀에게는 성장하면서 스스로 생각하고 느끼고 꿈을 펼칠 수 있는 자유가 있어야 합니다. 강요하지 마십시오. 침범하지 마십시오. 자녀의 인생을 부모가 대신 설계해 주지 마십시오. 부모가 대신 꿈꾸지 마십시오. 지금은 미숙해 보여도 자녀가 스스로 보고 듣고 생각하고 느낀 것을 표현하며 인생을 선택할 수 있도록 기다려 주십시오. 각 자녀를 향하신 창조주 하나님의 특별한 목적과 계획을 발견하도록 그저 묵묵히 기도하며 곁에서 기다려 주십시오. 부모가 자녀를 위해 할 수 있는 일은 빠른 충고를 내려놓고 자녀의 이야기를 끝까지 들어 주는 것입니다.

한 청소년 자녀가 인터넷에 이런 글을 올렸습니다.


그냥 들어 주기를 바랄 때 엄마는 곧 충고하기 시작합니다.

그냥 좀 들어 주기를 바랄 때 엄마는 왜 내가 그렇게 느끼면

안 되는가를 말하기 시작합니다.

그것은 내 감정을 밟아 버리는 것입니다.

그냥 좀 들어 주기를 바랄 때 엄마는 내 문제의 해결사가 되고

맙니다. 내가 요청하지 않았는데도 말입니다.

엄마 내 말을 그냥 좀 들어 주세요.

엄마의 충고는 나에게 비난처럼 들립니다.

엄마, 나도 느끼고 생각할 수 있습니다.

나도 그렇게 무능하지만은 않습니다.

그러니까 그냥 좀 들어 주세요.

정 말하고 싶으시면 내 말이 끝날 때까지 잠시

기다려 주세요.

그러면 나도 이제부터는 엄마 말을 듣겠습니다.

## 예수님의 대화법 : 공감과 경청

> 사흘 후에 성전에서 만난즉 그가 선생들 중에 앉으사 그들에게
> 듣기도 하시며 묻기도 하시니 눅 2:46

하나님이신 예수님이 사람의 모습으로 이 땅에 오셔서 랍비들과
함께 성전에 앉으셨습니다. 얼마나 충고하고 싶으셨을까요? 하지
만 예수님은 오히려 그들의 말을 듣고 또 물으셨다고 합니다. 그들
을 더 잘 이해하기 위해서였습니다. 이렇게 예수님은 사랑하시기
위해, 먼저 인간의 고통과 연약함, 마음의 완악함을 들으십니다. 그
냥 들으시는 것이 아니라 온몸으로 공감하며 경청하십니다.

> 우리에게 있는 대제사장은 우리의 연약함을 동정하지 못하실
> 이가 아니요 모든 일에 우리와 똑같이 시험을 받으신 이로되 죄
> 는 없으시니라 그러므로 우리는 긍휼하심을 받고 때를 따라 돕
> 는 은혜를 얻기 위하여 은혜의 보좌 앞에 담대히 나아갈 것이니
> 라 히 4:15-16

우리가 거룩한 예수님께 담대히 나아갈 수 있는 것은 예수님께
서 우리의 연약함을 다 알고 계실 뿐만 아니라 체휼(Sympathy)하시
는 분이기 때문입니다. 판단하거나 비난하지 않으시고, 공감하고

용납하시는 분이기 때문에 두려움 없이 나아갈 수 있습니다. 그뿐만 아니라 우리를 가장 잘 도우실 수 있는 분이기 때문에 예수님의 은혜의 보좌 앞에 신뢰를 가지고 나아갈 수 있습니다.

우리도 이러한 예수님의 마음과 태도를 배워야 합니다. 예수님처럼 은혜의 시선으로 자녀를 바라보아야 합니다. 우선 빨리 충고하지 말아야 합니다. 비난과 판단도 내려놓아야 합니다. 먼저 자녀의 몸과 마음, 그리고 눈을 들여다보아야 합니다. 때로는 자녀에게 차분히 묻고 나서 자녀의 이야기를 경청해야 합니다. 무엇을 말하고 있는지 들어야 합니다.

그리고는 어떻게 도와줄지 고민해야 합니다. 그러면 자녀는 두려움 없이 부모에게 나아올 것입니다. 부모를 신뢰하고 이야기를 털어놓을 것입니다. 그러면 어떤 어려운 문제라도 함께 기도하며 해답을 찾아갈 수 있을 것입니다.

경청하는 사람은 서두르거나 재촉하지 않습니다. 선입관을 가지고 판단하지 않습니다. 듣기 전에 먼저 성급하게 충고하고 잔소리하면 자녀는 마음을 닫아 버립니다. 어떤 엄마는 자녀가 무슨 말을 하기도 전에 "엄마는 너에 대한 것은 모르는 게 없이 다 알아" 하고 말문을 막아 버립니다. 심지어 넘겨짚은 것이 사실인 양 덮어놓고 야단을 칩니다.

그러나 듣기 전에 화부터 내면 대화가 되지 않습니다. 그러면 문제 해결은 더욱 어렵습니다. 잔소리를 내려놓고 우선 들으십시오.

경청과 공감도 훈련입니다.

> 사연을 듣기 전에 대답하는 자는 미련하여 욕을 당하느니라 잠
> 18:13

> 듣기는 속히 하고 말하기는 더디 하며 성내기도 더디 하라 약
> 1:19

## 공감과 맞장구치기

공감은 명사가 아니라 동사가 되어야 합니다. 그냥 '공감했다'로
그칠 것이 아니라 공감이 자녀에게 전달되어야 합니다. 사실 자녀
의 눈만 보아도 마음을 읽을 수 있습니다. 눈이 다 이야기합니다.
먼저 자녀의 눈을 가만히 들여다보십시오. '엄마, 나 사랑받고 싶어
요, 칭찬받고 싶어요, 화가 나요, 그렇게 화부터 내지 마세요' 하는
메시지가 눈 안에 담겨 있습니다. 서두르거나 재촉하지 말고 눈을
마주보면서 고개를 끄덕여 주십시오. 공감을 준비하고 맞장구치기
를 시도하세요. 그것이 대화의 시작입니다.

맞장구칠 때는 '그렇구나, 그랬어? 정말? 어머나, 저런, 아이고,
세상에, 무지 속상했겠다, 정말 화났겠다' 하고 자녀의 감정에 공
감하는 말을 해주면 훨씬 좋습니다. 또는 자녀의 말을 반복해서 호

응해 주는 것도 하나의 방법입니다. "선생님이 너를 야단쳤단 말이지? 그래서 네가 화가 났구나. 진짜 화났겠다" 하고 자녀의 마음을 알아주는 말을 해줍니다.

예를 들면 다섯 살 아들이 밖에서 친구랑 놀다가 들어와서 "인철이 나빠. 나쁜 놈. 이제 안 놀 거야!" 하며 씩씩거립니다. 이러한 상황에서 성급한 엄마는 곧바로 잔소리와 충고부터 합니다. "그런 나쁜 말하면 못써!" 하고 야단부터 치거나 한 술 더 떠 "친구를 미워하면 예수님이 예뻐하겠어? 예수님이 친구하고 사이좋게 놀라고 했지?" 하며 예수님까지 팔아먹습니다. 그러면 자녀는 '엄마는 내 마음과 형편을 도무지 이해하지 못한다'고 생각하게 됩니다. 더 화가 나서 방에 들어가 버립니다.

반대로 자녀의 마음을 공감해 주는 엄마는 "인철이가 화나게 했어? 인철이가 왜 우리 아들을 화나게 했을까? 아이고, 속상해라"라고 맞장구쳐 줍니다. 그러면 자녀는 엄마가 자기 마음을 알아주었다는 사실에 마음이 풀립니다. 조금 후에는 다시 밖에 나가 친구와 아무 일 없었다는 듯이 놀 수 있습니다.

나도 딸이 대학생일 때 비슷한 일을 겪은 적이 있습니다. 하루는 딸이 흥분해서 전화를 걸어왔습니다.

"엄마, 혜영이 알지? 걔가 다른 애들한테 내가 예쁘지도 않은데 예쁜 척하고 잘나지도 않은데 잘난 척한다고 흉보고 다닌대."

딸의 말을 듣고 당장 하고 싶은 말은 세 가지였습니다.

"다 큰 애가 별것 아닌 일로 바쁜 엄마 붙잡고 전화할래?"

"네가 잘난 척했나 보지."

"너 요즘 기도하니? 큐티는 해?"

하지만 다행히 이 말들을 삼키고 "아니 혜영이는 왜 널 흉보고 다닌대? 진짜 화난다. 엄마도 이렇게 화나는데 너 정말 화나겠다" 했습니다. 그러고는 바빠서 빨리 끊고 싶은 마음에 "혜영이 전화번호 줘 봐. 가만 놔두면 안 되겠어. 엄마가 전화 한번 해볼게" 하니까 딸이 "아냐 엄마, 됐어. 괜찮아. 내가 알아서 할게" 하면서 전화를 끊었습니다.

엄마가 자신의 마음을 알아준다는 것만 확인하면 아이들은 그것으로 족합니다. 여전히 문제가 해결된 건 아니지만 그것으로 충분합니다. 부모의 공감 섞인 응원 한마디가 자녀에게는 어려움을 이길 힘이 됩니다.

자녀양육을 주제로 강의를 하면서 이런 이야기를 나누면 종종 자녀에게 미안한 마음이 든다며 연락을 해오는 부모가 많습니다. 오래전 어느 개척교회 사모님도 강의를 듣고 예전에 아들에게 잘못한 일이 생각났다고 했습니다. 교회 성도의 아들이 사모님 아들의 장난감을 빼앗아 가서 싸움이 일어났을 때 자녀의 억울한 심정을 들어 주기는커녕 "목사님 아들인 네가 양보해. 네가 가서 미안하다고 해"라고 했다는 것입니다. 안 그래도 억울하고 속상할 텐데 도리어 사과하라 했으니 아들이 얼마나 화가 났을까 싶어서 너무 마음이 아프다고 했습니다. 당시에 상황을 무마하려고 사람들 앞에서는 그렇게 말했더라도 나중에 둘만 있을 때 안아 주면서 "진짜 화나지? 엄마도 화난다. 진짜 밉다. 그치?"하고 말만 해주었다면 좋았을 것입니다. 공감은 일단 자녀의 편이 되는 것입니다. '엄마가 나를 정말 이해해 주는구나'를 자녀가 느꼈다면 공감을 잘한 것입니다.

언젠가 아들한테 엄마가 고쳐야 할 것이 뭐냐고 물은 적이 있습니다. 아들은 "정말 말해도 돼요? 화 안 내실 거예요?" 하더니, 내가 "그럼, 진짜 말해 봐. 화 안 낼 거야. 진짜 들을게" 하고 약속하자 "엄마는 우리의 말을 듣지 않아요. 내가 말하면 겉으로는 듣는 것 같지만 절대 엄마의 생각과 결론은 안 바꾸세요" 하는 겁니다. 나는 변론하고 싶은 마음을 꾹 참고 "맞아. 내가 그런 게 있지. 바꿔 볼게" 했습니다. 의외로 자녀가 좋아했습니다.

많은 부모가 사실상 자녀의 말을 잘 듣지 않습니다. 그 마음을 공감하는 것은 더 못합니다. 맞장구치기를 연습해 보세요. '힘들지? 피곤하지? 속상하지?' 이 말만 해도 자녀는 달라집니다. 엄마 아빠가 내 마음을 알아준다는 사실로 충분하기 때문입니다. 자녀의 말을 들어 주기만 해도 성숙한 부모입니다. 들어 주고 공감해 주고 맞장구만 쳐 주어도 이미 훌륭한 부모입니다.

## 부모의 공감이 자녀에겐 천군만마

자녀가 학교에서 돌아오면 대부분의 부모는 "얼른 손 씻고 와서 밥 먹어" 합니다. 그런데 공감과 대화를 위해서는 먼저 "피곤하지?" 하고 안아 주는 것이 좋습니다. 그런데 요즘에는 부모가 바쁘다는 이유로 안아 주지 못하고, 공감해 주지 못하고, 충분히 얘기를 들어 주지 못하는 가정이 많습니다. 참으로 안타까운 일입니다.

자녀가 학교에서 돌아와 짜증을 내면 관찰해 보세요. "학교에서 무슨 일이 있었니?" 하고 물어봐 주세요. 이때 자녀가 부모에게 시시콜콜 얘기해 준다면 일단 좋은 신호입니다. 그런데 어느 날부턴가 입을 다물고 있다면 대화가 막힌 것입니다. 그럴 때는 먼저 부모인 내가 자녀의 말을 제대로 들어 주고 있는지 돌아봐야 합니다.

부모가 TV를 보고 있는데 자녀가 왔다 갔다 하면 일단 TV를 끄고 무슨 일인지 물어보아야 합니다. 혹시 TV를 켜 둔 채 자녀의 말을 건성으로 듣지는 않습니까? 스마트폰을 두드리면서 "말해 봐" 하지 않습니까?

반대로 부모가 대화를 시도하려고 하는데 버럭 화부터 내는 자녀도 있습니다. 화를 많이 내는 자녀는 분노를 풀지 못해서 그렇습니다. 자녀의 분노는 부모와 스스럼없는 대화로 해결될 수가 있습니다. 따라서 부모와 스스럼없이 대화하는 자녀는 화가 많지 않습니다.

자녀의 마음을 충분히 공감해 주고 난 뒤에는 열린 질문을 시도해 보십시오. "그렇구나. 그럼 이제 어쩌지? 어떻게 하면 좋을까?" 하고 질문을 해주는 것입니다.

예를 들어, "나 공부가 안 돼요"라고 하면, "집중이 안 돼? 요즘 많이 피곤한가 보네. 공부할 게 많을 텐데, 어떻게 하지?" 하고 질문함으로써 열린 대화를 유도하는 것입니다. 그러면 자녀는 "동네 한 바퀴 뛰고 와서 물 한 잔 마시고 다시 해 볼게요" 하고 스스로 해결 방안을 찾습니다.

"친구가 나를 왕따시켜요"라고 할 때도 "아니 우리 딸을 누가 왕따를 시켜!" 하고 공감한 다음 "어떡하면 좋지?" 하고 되물어 줍니다. 얼른 답을 주기보다는 스스로 답을 찾아가도록 돕는 것입니다. 사실 자녀가 또래집단에서 따돌림을 당한다면 당장에 부모가 해줄 일이 딱히 없습니다. 단지 자녀가 집에 와서 시시콜콜 말할 수 있도록 귀를 열어 놓는 수밖에 다른 방법이 없습니다. 결국 스스로 문제를 극복해야 합니다.

부모와 자녀 간에 대화가 단절되어 있으면 안 됩니다. 무슨 일이든 자녀가 부모에게 말할 수 있는 분위기가 중요합니다. 부모가 자신의 마음을 알아주고 지지해 준다는 사실만 확인되면 자녀는 괴로운 상황을 이겨 낼 힘을 얻습니다.

어린 시절, 나도 학교 친구에게 무서운 괴롭힘을 당한 적이 있습니다. 어느 날 집에 돌아오는 길에 큰 드럼통이 하나 있었습니다. 그 옆에는 몇몇 아이들이 진을 치고 있었습니다. 내가 그 앞을 지나가는데 한 친구가 나에게 "이 깡통에 물이 있게, 없게?" 하고 묻는 겁니다. 그래서 무심결에 "없다"고 답했는데 알고 보니 물이 있었습니다. 그러자 그 친구는 매일 백 원씩 천 원을 자신에게 '상납'하라고 했습니다. 이유는 틀린 답을 했기 때문이라는 것입니다. 하는 수 없이 매일 백 원씩 열 번이나 그 친구에게 가져다주었습니다.

어느 날은 시험을 보는데 한 친구가 답안지를 보여 달라기에 싫다 했더니 길에서 여러 명과 함께 기다렸다가 내 머리채를 잡아 뜯어놓았습니다. 그 친구들이 너무 무서워서 학교 가는 게 끔찍했습니다.

하지만 당시 나는 그런 일들을 엄마에게 털어놓을 수 있었습니다. 그때 엄마는 "어떻게 그렇게 못된 애들이 다 있니? 가만 있자. 내가 가서 혼내 주어야겠다"라고 했습니다. 그 말에 나는 은근히 힘을 얻어 "아니야, 엄마. 내가 할 수 있어"라고 하고는 다음 날 용기를 내어 그 친구들에게 "야! 너희들 그러지 마!" 하고 크게 소리칠 수 있었습니다. 곁에서 공감하며 용기를 주는 엄마가 있어서 이길 힘을 얻었습니다.

부모와 대화가 단절된 자녀는 스스로 상황을 이길 힘이 없습니다. 그래서 낙담하거나 희망을 잃어버려서, 도움을 얻을 곳이 없어서 나쁜 생각까지 하게 됩니다. 그럴 때 가정은 쉼과 용기를 얻는 곳입니다. 가정에서조차 '공부해라, 숙제해라' 하면서 몰아치기만 하면 자녀는 쉴 곳이 없습니다. 갈 곳을 잃어버립니다.

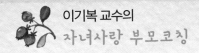
Q  초등학교 6학년과 3학년의 두 딸을 둔 엄마입니다. 둘째 딸은 명랑하
고 협조적이며 뭐든지 다 알아서 하기 때문에 사랑스럽기 짝이 없습니
다. 그런데 큰딸은 고집이 너무 세고 매사에 엄마인 저와 부딪칩니다.
일부러 엄마 속을 썩이려고 미운 짓만 골라서 하는 것 같습니다. 어떻
게 큰딸과의 관계를 회복할 수 있을까요?

───────────────────────────────

자녀의 행동에는 반드시 숨은 동기가 있습니다. 소위 '문제행
동'의 이면에는 부모에게 외치는 메시지가 있습니다. '엄마, 나를 사
랑해 주세요, 나를 인정해 주세요, 나를 존중해 주세요, 비교하지 마
세요, 나에게 적절한 지침을 제시해 주세요, 아빠와 싸우지 마세요'
같은 메시지가 있는 것입니다.

따라서 자녀와의 갈등을 해결하려면 먼저 자녀의 진짜 마음이
무엇인지를 알아야 합니다. 야단치기 전에, 훈계하기 전에, 잔소리
하기 전에 먼저 자녀의 속마음을 읽고 공감해야 합니다. 큰딸의 속
마음이 무엇일지 몇 가지 유추해 보겠습니다.

**첫째, 부모가 큰딸에게 지나치게 높은 기대를 가지고 있었던
것은 아닌지 살펴보십시오.** 부모는 흔히 큰아이에게 과잉기대를
갖기 쉽습니다. 그래서 칭찬하고, 인정하고, 용납하는 대신 지적하
고, 야단치고, 다그치기 쉽습니다. '좀 더 잘해라, 최선을 다해라, 더

욱 노력해라' 같은 말을 하거나 무언의 암시를 보냅니다. 자녀는 나름대로 최선을 다했지만 부모의 기대에는 언제나 못 미칩니다. 나를 인정해 주지 않는 엄마, 격려해 주지 않는 아빠, 끝없이 높은 기대를 가지고 있는 부모 때문에 자녀는 버겁고, 힘에 부치고, 때로 짜증이 납니다. 그래서 차라리 빨리 부모님을 포기시키자 싶어서 반항하고 거역하게 됩니다.

칭찬과 인정은 문제행동의 치료약입니다. 엄마가 칭찬해 주고 인정해 줄 때 자녀는 사랑받고 있다고 여겨서 변화하게 됩니다.

**둘째, 큰딸과 엄마의 성격에 어떤 차이가 있는지 살펴보십시오.** 엄마와 자녀가 바라보는 시각과 행동하는 패턴, 공부하는 방법이 다를 수 있습니다. 자녀가 '고집이 세다' 하지 말고 '자기 생각이 뚜렷하다'고 시각을 바꾸면 자녀를 용납할 수 있습니다. 한편, 많은 부모가 자신의 단점이 자녀에게서 발견되면 매우 못마땅하게 여깁니다. 남편이나 시어머니의 모습이 자녀에게서 발견될 때도 마찬가지입니다. 둘째는 사랑스러운데 첫째는 못마땅하고 자꾸 갈등이 생기는 이유가 꼭 자녀 때문이 아닐 수 있습니다. 원인을 곰곰이 따져 보십시오.

**셋째, 둘째를 낳았을 때 큰딸이 혹시 상처받은 일은 없는지 살펴보십시오.** 큰딸은 동생이 태어났을 때 엄마 아빠의 사랑을 빼앗겼다고 생각해서 상실감이 컸을 수 있습니다. 만일 둘째를 낳고 나서 큰딸에게 마땅히 주어야 할 사랑과 관심을 주지 못했다면 지금이라도 사랑과 관심을 표현함으로써 치유하십시오. 쉽지 않더라도 의도적으로 자랑스럽다고 말하십시오.

**넷째, 큰딸의 이야기를 열린 자세로 경청하면서 대화를 시도하십시오.** 초등학교 6학년이면 충분히 인격적인 대화가 가능합니다. 고개를 끄덕이며 경청하고 엄마가 어떻게 해주면 좋겠는지 말해 달라고 요청하십시오. 지금 관계를 개선하지 않으면 앞으로 더욱 힘들어집니다. 눈높이를 낮추는 노력을 기울이면 엄마와 큰딸의 관계가 회복될 것입니다.

## 07

# 자녀문제 없는 부모가
# 어디 있으랴

어떤 부모도 자식에 관해서는 큰소리칠 수 없습니다. 언제든 내 자녀에게도 생각지 못했던 문제가 생길 수 있기 때문입니다. 그렇게 사랑스럽던 아들이 게임 중독에 빠져서 방에 은둔하는가 하면, 거식증과 폭식증에 걸린 딸이 곧 우울증 때문에 자살을 시도하기도 합니다. 유학을 보냈더니 이성과 동거를 하고 임신해서 돌아오는 자녀도 있습니다. 대학 입시에 실패하는 정도는 아무것도 아닙니다. 자식에 관한 한 어느 누구도 함부로 장담할 수 없습니다. 그래서 다른 집 자녀문제를 함부로 홍보거나 소문내서는 안 됩니다. 오히려 함께 아파하고 기도에 동참해야 할 것입니다.

## 자녀문제는 부모의 문제

심각한 자녀문제로 고민하다가 교회 분에게 털어놨더니 대뜸 "아니, 애를 어떻게 키웠기에 그래" 하는 말에 상처를 받았다는 어느 분의 이야기를 들은 적이 있습니다. 이런 말은 전혀 도움이 되지 않습니다. 차라리 "자식은 마음대로 안 되지요. 사실 말을 안 해서 그렇지, 알고 보면 다들 자녀 때문에 고민이 많아요"라고 해주었으면 얼마나 좋았을까 싶습니다.

또한 자녀교육과 관련된 강의를 듣고 나면, 자신이 자녀를 잘못 키웠다는 후회와 죄책감을 갖는 부모가 많습니다. 그러나 세상에 완전한 부모는 없습니다. 다만 이제부터 시작해 보는 것입니다. 내가 겸손한 마음으로 새롭게 변화될 때 엉킨 실타래가 풀리기 시작합니다.

많은 부모와 자녀가 상담실을 찾습니다. 그중에서도 부모가 눈물을 흘리며 자신의 잘못을 인정하면 자녀문제는 쉽게 해결의 길로 접어듭니다. 반면에 자녀만 상담실에 보내 놓고, 자녀가 변해야 한다고 생각하는 부모의 경우는 좀처럼 문제가 해결되지 못합니다.

사실 자녀문제는 근본적으로 부모의 문제입니다. 그러니 먼저 부모가 변해야 자녀가 변합니다. 자녀를 도와줄 수 있는 최고의 상담자는 어쩌면 부모입니다. 어떤 의미에서 부모가 문제의 원인을 제공한 것이니, 부모가 먼저 회개해야 합니다. 자녀에게 문제가 생겼다면 '나한테 문제가 있구나'로 이해하고 받아들이십시오. 그러면 나도 회복되고, 자녀도 회복될 것입니다.

무엇보다 중요한 건, 자녀문제가 생겼을 때 부부가 한마음이 되는 것입니다. 게임 중독, 우울증, 자살 충동, 혼전 임신 등 하늘이 무너질 것 같은 자녀의 큰 위기에서도 일단 부부가 한마음을 가져야 합니다. 네 탓 내 탓하며 회피하고 자기 문제를 인정하지 않으려 하면 위기는 결국 가정이 무너지는 것으로 증폭되고 맙니다.

건강한 가정은 문제나 위기가 없는 가정이 아닙니다. 문제가 생겼을 때, 회피하거나 부인하지 않고, 그 문제를 받아들이고 인정하면서 도움을 구하는 가정이 건강한 가정입니다. 그래서 건강한 가정은 부부가 함께 무릎을 꿇고 "하나님, 도와주세요" 하고 기도합니다.

자존심을 버리고 내 문제를 인정하면 그때부터 위기는 기회가 되기 시작합니다. 자녀가 큰 실패를 했을 때 아빠가 함께해 주고 용기를 준다면 그때부터 회복이 일어날 수 있습니다. "그래도 나는 너를 사랑한다, 너는 내 딸(아들)이다"라는 예수님의 조건 없는 사랑을 실천하는 것입니다. "내가 그럴 줄 알았다. 너 때문에 부끄러워서 얼굴을 들고 다닐 수 없구나" 하면 자녀는 더욱 어려운 길을 가게 될 것입니다. 그것은 죽으라는 소리나 다름없습니다.

## 회복하고 싶은가? 용서를 구하라

자녀에게 용서를 구하지 않아도 되는 부모는 거의 없습니다. 우리는 모두 죄인이고 불완전한 존재라 생각해 보면 자녀에게 잘못한 것이 많습니다. 직장 일에 몰두하느라 자녀의 삶에 관심을 기울이지 못하기도 했고, 자녀가 힘들 때 외롭게 혼자 둔 잘못도 있습니다. 그럴 때 자녀 안에 쌓인 분노를 해소하려면 먼저 용서를 구해야 합니다.

왜 용서를 구해야 합니까? 모든 회복은 용서를 구하는 것에서부터 시작되기 때문입니다. 우리가 용서를 구할 때 자녀 안에 똬리를 틀고 있던 상처와 분노가 실체를 드러내고 치유와 회복으로 나아가게 됩니다.

그렇다면 누가 용서를 구합니까? 영성이 더 깊은 사람, 예수님의 용서를 받은 사람이 용서를 구할 수 있습니다.

어떤 아버지는 아들이 반항하고 탈선하고 나서야 예수님께 돌아왔습니다. 그리고 아들에게 용서를 구하기 위해 말을 걸었습니다.

"너 기억나니? 아빠가 옛날에 허리띠로 널 때렸잖아."

"기억하냐고요? 내가 어떻게 그걸 잊어요. 나는 그걸 잊은 적이 없어요!"

"아빠가 정말 잘못했다. 내가 너무 나빴다. 내 안의 분노를 너한테 폭발시킨 거야. 그때 많이 화났지? 미안해."

이렇게 용서를 구한 후에 '아빠는 너를 사랑한다, 너는 소중한 존재다, 너를 향한 하나님의 특별한 계획이 있다'는 걸 말해 주십시오.

한 사춘기 아들이 학교도 안 가고 입도 꾹 다물어 버리고 음식도 엉망으로 먹어서 건강도 해치고 골치였다고 합니다. 부모가 어떻게 하면 아들의 마음을 돌려놓을 수 있을까 고민하다가 한 가지 방법을 고안해 냈습니다. 아들의 어렸을 때 사진과 함께 특별한 쪽지를 매일 책상에 갖다 놓는 것이었습니다. 쪽지에는 "네가 태어날 때 아빠는 천하를 얻은 것처럼 웃고 다녔어. 너는 태어날 때부터 사랑받았어", "여섯 살 때 사진이야. 이때 네가 얼마나 사랑스러웠는지 몰라", "이때 입은 옷은 아빠가 출장 갔다가 특별히 널 위해 사온 거야. 예쁘지?", "넌 정말 사랑스럽고 소중해. 엄마 아빠가 얼마나 정성을 다해 널 키웠는지 몰라" 하는 내용을 적었습니다. 잘못한 것이 생각나면 사진 없이 용서를 구하는 편지를 썼습니다.

어느 날 책상에 가 보니 쪽지가 얼룩져 있더랍니다. 아들이 읽다가 눈물을 쏟아서 잉크가 번진 것입니다. 그러더니 하루는 처음으로 "아빠 나가세요?" 하고 말을 하기 시작하더니 눈을 맞추게 되었고, 같이 밥을 먹게 되었고, 학교도 다니게 되었다고 합니다.

물론 시간이 오래 걸렸습니다. 하지만 결국 회복되었습니다. 부모가 인내하며 용서를 구하고 사랑한다고 표현해 주니 엇나가던 자녀가 회복된 것입니다.

## 돌아온 탕자라서 축복이다

어떤 부모는 망나니 아들 때문에 매일 눈물로 기도해야 했습니다. 그런데 부모가 30년을 눈물로 기도해도 고칠 수 없던 이 아들이 믿음 좋은 아내를 만나자 하루아침에 변화되었다고 합니다. 아내를 따라 교회도 다니게 되었습니다. 하나님께서 부모의 30년 기도를 한 방에 해결해 주신 것입니다. 참 부럽습니다.

하나님은 이처럼 상상할 수도 없는 '뜻밖의 은혜'를 주십니다. 시간이 걸리더라도 인내하며 하나님의 '뜻밖의 은혜'를 기대하십시오. 그러려면 부모가 먼저 하나님께 더 가까이 나아가십시오.

교회의 어느 장로님은 아들의 문제가 감당할 수 없는 지경이 되었을 때, 단 둘이 스페인으로 여행을 떠났다고 합니다. 비행기를 타고 가서 산티아고 순례길을 40일간 걸은 것입니다. 아들이 마약을 했든 우울증이 있든 하루에 수십 킬로미터를 함께 걷다 보면 치유가 되지 않겠느냐고 생각하고 내린 결정입니다. 맞습니다. 자녀와 여행을 떠나는 것도 매우 좋은 방법입니다. 여행 중에는 '정신 차려라, 공부는 언제 하려고 하느냐' 같은 말을 할 필요가 없습니다. 아버지가 모든 것을 뒤로하고 자기를 위해 하루에 수십 킬로미터를 함께 걸어 주는데 돌이키지 않을 자녀가 있겠습니까? 마음을 열지 않을 자녀가 있겠습니까?

자녀를 사랑합니까? 자녀가 문제를 일으켰습니까? 자녀를 비난만 하겠습니까? 아니면 그 문제를 나의 문제로 인정하고 겸손하게 함께 회복의 여정을 시작하겠습니까?

누가복음 15장의 탕자의 비유를 다시 생각해 보세요. 지금도 물론 그렇지만, 특히 당시에는 문화적으로 부모가 죽기도 전에 자녀가 유산을 요구했다는 것은 망나니짓 중에서도 그런 망나니짓이 없는 불효였습니다. 그러나 예상한대로 아들은 완전 실패한 채 모든 재산을 탕진하고 병들어서 돌아왔습니다. 아들이 제일 잘한 것은 그래도 집으로 돌아가야겠다고 결단한 것입니다. 아들이 더러운 모습으로 돌아왔을 때 아버지는 저 멀리서 벌써 그를 알아보고 맨발로 뛰어가 품에 안아 주었습니다. 아버지의 체면도 다 버리고 더러운 아들을 환영했습니다. 이것은 물론 하나님 아버지의 사랑을 그린 예화입니다. 그러나 육신의 아버지도 그래야 합니다. 자녀가 어떤 잘못을 했든 두 팔 벌려 용납해 주어야 하는 것입니다. 목적은 비난과 원망이 아니라 회복이고 사랑이며 다시 시작하는 것입니다.

## 자녀문제 때문에 예수님을 찾은 아버지

마가복음 9장에는 귀신 들린 아들을 예수님께 데려온 아버지 이야기가 나옵니다. 이 아버지는 사랑하는 아들에게 문제가 생기지 않았다면 예수님을 찾아오지도 않았을 것입니다. 많은 부모가 자녀문제로 하나님을 찾는데, 그런 점에서 자녀문제는 오히려 큰 축복입니다.

이 아버지의 아들에겐 어떤 문제가 있었습니까? 아들이 말을 하지도 듣지도 않으면서 완전히 딴세상에서 살고 있는 것입니다. 벙어리 귀신이 들린 것처럼 말을 잃어버렸습니다. 그런 아들을 예수님께 데려왔으니 이 아버지는 제대로 찾아온 것입니다.

> 귀신이 어디서든지 그를 잡으면 거꾸러져 거품을 흘리며 이를 갈며 그리고 파리해지는지라 막 9:18

아버지의 진단이 정확합니다. 아들이 귀신 들린 것입니다. 이를 갈고 파리해지는 것은 아들 속에 자리 잡은 귀신의 장난입니다.

그러자 예수님이 "그를 내게로 데리고 오라" 하셨습니다. 부모가 예수님께 나아와 무릎을 꿇으면 예수님이 말씀하십니다.

"네 아들을 내게로 데리고 오라."

최고의 상담자이신 예수님이 데려오라 하시니 이제 걱정할 게 없습니다.

그런데 아들을 예수님께 데려오자 아이가 거품을 물고 데굴데굴 구르기 시작합니다. 귀신이 난리치는 것입니다. 부모가 상담하러 가자, 목사님께 의논해 보자 하면 아이는 거품을 물고 대들면서 안 가겠다고 완강하게 버팁니다. 귀신 들렸으니 그럴 수 있습니다.

"언제부터 이렇게 됐느냐?"

"어릴 때부터입니다."

예수님이 묻는 질문에 아버지가 정확하게 말하고 있습니다. 아들이 어릴 때부터 상하기 시작했다는 것입니다. 어릴 때 아버지에게 사랑받고, 칭찬받고, 아버지와 함께 놀고, 아버지로부터 하나님의 말씀을 배워야 하는데 그렇게 하지 못했습니다.

"귀신이 내 아들을 죽이려고 불과 물에 자주 던졌습니다. 저를 불쌍히 여기고 도와주십시오."

이 아버지는 예수님께 자기를 불쌍히 여겨 달라고 말하고 있습니다. 이것이 부모의 심정입니다.

하지만 모두가 그런 건 아닙니다. 아이가 고통받고 있는데 나는 잘못이 없다면서 완강하게 버티는 부모도 있습니다. 이런 부모에겐 답이 없습니다. 자식 문제 앞에서조차 교만하고 거만하게 구는 부모에게 무엇을 기대할 수 있겠습니까?

이 아버지는 "나를 불쌍히 여겨 주십시오" 하면서 한없이 낮아졌습니다. 이때 예수님이 "믿는 자에게는 능히 하지 못할 일이 없다" 하고 말씀하십니다. 그러자 이 아버지는 자신의 믿음 없음을 깨닫습니다.

"나의 믿음 없는 것을 도와주십시오."

내 자녀가 문제를 그치고 회복되어 다시 활달하고 사랑스럽던 아이로 돌아올 거라는 믿음이 생기지 않는다면 "주님, 나를 불쌍히 여기시고 나의 믿음 없음을 도와주십시오"라고 기도해야 합니다.

아버지의 이러한 기도를 듣고 예수님이 더러운 귀신을 꾸짖으셨습니다. 아들이 아니라 아들을 사로잡고 있는 귀신을 꾸짖으며 예수님의 권세로 명령하셨습니다.

"말 못하고 못 듣는 귀신아! 내가 너에게 명하니 그 아이에게서 나오고 다시 들어가지 마라."

그러자 귀신이 소리를 지르고 심히 경련을 일으키며 떠나갔습니다. 순간 아들이 죽은 것처럼 꼼짝하지 않자 사람들은 그가 죽었다고 수군거렸습니다.

예수님을 만난 사람은 이처럼 옛 자아가 죽게 됩니다. 귀신에 사로잡혀서 반항하며 자신의 인생을 망치던 옛 자아가 죽어야 거듭날 수 있습니다. 이제 예수님이 아들의 손을 잡고 일으키자 아들이 다시 살아났습니다.

부모가 자식 문제로 겸손해져서 예수님을 찾아와 도움을 요청할 때 예수님이 자녀를 만나 주시고 그 손을 잡아 일으켜 주십니다. 이 사실을 기억하시기 바랍니다. 자녀에게 문제가 생겼다면 내게 문제가 있음을 인정하고 겸손히 낮아져서 하나님 앞에 무릎을 꿇고 기도해야 합니다.

"주님 우리 아이를 만나 주세요. 꿈속에서 만나 주시고, 반항하는 자리에서 만나 주시고, 잘못된 친구들과 어울릴 때 만나 주시고, 넘어진 자리에서 만나 주시고, 하나님의 말씀을 들을 때 만나 주세요. 그리고 그 아이의 손을 잡아 일으켜 주세요."

## 부모의 기도로 살아난 아들

미국에 사는 어느 아버지의 사연입니다. 고등학교에 입학한 아들이 기숙사 생활을 하다가 친구들과 잘못 어울려서 코카인에 손을 대기 시작했습니다. 그 사실이 전해지면서 학교로부터 퇴학 명령까지 받았습니다. 학교는 부모에게 징계위원회가 열린다는 사실을 알렸습니다. 이때 아버지는 그 자리에서 무릎을 꿇고 기도했습니다.

"주님 제가 잘못했습니다. 제 아들을 살려 주세요."

엄마도 소식을 듣자마자 기도실로 달려갔습니다.

"주님 도와주세요. 불쌍히 여겨 주세요."

부부가 한마음으로 기도한 것입니다. 그리고 아들에게 전화를 걸어서 "괜찮아. 인생을 살면서 한 번쯤 이런 일이 있을 수 있다. 오히려 이것이 너에게 큰 유익이 될 수도 있다. 사랑한다. 함께 손잡고 이 위기를 통과해 보자" 하고 위로했습니다. 더불어 "우리도 잘못한 것이 참 많다. 미안하다. 용서해라" 하고 용서도 구했습니다.

그런 다음 아버지는 학교에 간절한 마음을 담아 편지를 썼습니다.

저는 OO의 아빠이며 크리스천입니다. 저는 지난 세월 동안 크리스천이라 하면서도 참 믿음으로 살지 않았습니다. 바르게 살지 않았습니다. 아이들한테 본이 되지 못했습니다.

이번 사건은 하나님께서 제 아들에게 주신 경고가 아니라 저에게 주신 경고입니다. 저를 깨우려고 부르시는 하나님의 경고입니다. 혹시 할 수만 있다면, 한 번 더 기회를 주시면 감사하겠습니다. 하지만 그렇지 않더라도 괜찮습니다. 우리는 아들과 함께 이 위기를 잘 통과할 것입니다. 다만 회개하는 마음으로 이 글을 씁니다.

징계위원회가 아버지의 이 진심 어린 편지를 읽고 역사상 유례없는 결정을 했습니다. 아들에게 아버지의 편지를 보여 주며 한 번 더 기회를 주기로 결정했다고 말한 것입니다. 아들은 아버지의 편지를 읽고 펑펑 울며 마음을 돌이켜 하나님께로 완전히 돌아왔습니다. 이후 친구들의 어떤 유혹에도 흔들리지 않고 공부를 했고, 마침내 의과대학에 진학하게 되었습니다.

자녀문제로 부모와 자녀가 하나님께로 돌아오는 것만큼 더 큰 축복은 없을 것입니다 그러므로 자녀의 탈선은 좌절할 일이 아닙니다. 무조건 하나님께 나아갈 일입니다.

만약 자녀가 사업한다고 무모하게 일을 벌였다가 돈을 많이 날리면 어쩌겠습니까. 부모는 속이 터지고 암담한 심정이겠지만 자녀에게 이렇게 말해 주어야 합니다.

"우리는 네가 잃은 돈 몇 천만 원보다 네가 훨씬 소중하다. 젊은 날의 실패는 한번 해볼 만한 거니까 실망하지 마라. 잘될 거다. 사랑한다. 널 위해 기도하겠다."

어느 부모가 자식 문제 앞에서 기도하지 않을 수 있겠습니까? 어느 부모가 자식 문제가 없으리라고 장담할 수 있겠습니까? 그러니 우리는 누구도 자식 문제로 골머리를 앓는다는 가정에게 손가락질할 수 없습니다. 다만, 그 가정을 위해 "주님, 저 가정을 도와주옵소서" 하고 기도해야 합니다. 왜냐하면 내 자녀도 언제든 위기를 가져다줄 수 있기 때문입니다.

자녀가 심각한 문제를 일으켰습니까? 어떻게 돌아오게 할지 암담합니까? 염려 마십시오. 마음을 다하여 여전히 사랑을 표현하며 용서를 구하고 기도하면 반드시 회복됩니다. 믿음을 가지십시오. 우리가 낮아져서 겸손해진 것 때문에 자녀가 예전보다 훨씬 더 성숙해질 것입니다. 예수님을 만난 자녀는 옛 자아는 죽고 새로 거듭난 주님의 아들, 딸이 될 것입니다.

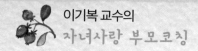

이기복 교수의
자녀사랑 부모코칭

Q 여덟 살 아들이 매사에 자신감이 없습니다. 조금만 큰소리로 불러도 깜짝깜짝 놀랍니다. 조금만 야단치려고 하면 눈물부터 뚝뚝 흘리고 아무 대답도 못합니다. 학교에 갔다가 집에 돌아와서도 무슨 일 있었냐고 하면 그냥 눈물을 흘립니다.

---

엄마, 혹은 아빠가 언젠가 아들을 야단칠 때 아주 심하게, 무섭게 화를 낸 적은 없습니까? 훈계하면서 "네가 나쁘다. 네가 정말 잘못한 거 알지?"라는 식으로 다그친 적이 있는지요? 감정 폭발은 훈계가 아닙니다.

아마도 아들의 성품이 내향적인 것 같습니다. 내향적인 아이들은 마음이 비단결같이 부드러워 그만큼 마음에 상처를 크게 받을 수 있습니다. 그런 아이는 말하라고 다그치면 할수록 더 말할 수가 없습니다. 학교에서도 친구들이나 학교생활에서 억울한 일을 당하면 속으로 삭이다가 그냥 눈물만 흘리는 것으로 자기를 표현할 것입니다.

아들의 내면에는 억울함과 두려움이 있어 보이는데, 더 깊은 곳에는 분노가 있을 수 있습니다. 분노를 표출하지 못하고 속으로 삼키는 것은 해롭거니와 건강하지도 못합니다. 앞으로 더 심한 심리적 문제가 발생할 수 있으니, 지금이라도 상담을 받아 보든지 다른 조처를 취하기 바랍니다.

그 전에 부모 자신을 돌아보시기 바랍니다. 주로 엄마가 아들을 양육하고 있으면 우선 엄마의 태도를 돌아봐야 합니다. 평소 내 정서가 안정적인지, 분노 조절을 잘하고 있는지 살펴보십시오. 만일 엄마가 감정과 분노를 조절하지 못한다면, 우선 분노와 관련된 기독교 서적을 3~4권 정독하면서 본인의 마음을 종이에 적어 보세요. 나의 감정 폭발과 분노는 어디에서 왔는지를 돌아보고, 엄마의 내면을 치유할 수 있는 방법을 찾아보기 바랍니다. 더불어 결혼생활도 돌아보기 바랍니다. 남편에게 불만과 분노가 있지는 않은지, 서로 용서하지 못한 일은 없는지도 돌아보세요.

어린 자녀의 정서는 양육자의 정서라고 보면 됩니다. 엄마가 편안하면 아이도 편하고, 엄마가 불안하면 아이도 불안합니다. 자녀에게 천천히 이야기하고, 사랑한다고 표현하고, 더 자주 따뜻하게 안아 주고, 특히 실수하거나 말을 못해도 야단치지 말고, 눈물을 흘리면 그냥 곁에서 기다려 주고 괜찮다고 말해 주세요. 그렇게 일관성을 가지고 기다려 준다면 자녀가 자기 이야기를 하기 시작할 것입니다.

자녀가 자기 마음을 표현하기 시작하면 치유가 시작된 것입니다. 서투르게 말해도 재촉하지 말고 사랑으로 인내하며 들어주세요.

그러려면 엄마 자신이 안정감을 회복하는 것이 우선이겠지요. 말씀 묵상을 통해 내면의 영성일기를 적으며, 주님께 깊은 속마음을 털어놓는 기도를 권유합니다. 이를 통해 예수님과 영적으로 친밀한 사랑의 관계를 누리기 바랍니다. 엄마의 회복은 아이의 회복이라는 것을 명심하시기 바랍니다.

# Part 3

# 아직 자라는 중,
# 다 때가 있단다

조급함 대신
인내와 사랑으로

## 08

# 유아기,
# 엄마가 편해야
# 아기도 편한 법

어느 날 지하철을 탔는데 어떤 엄마가 6개월가량 된 아기를 안고 있었습니다. 나도 모르게 입가에 미소가 그려지면서 마음이 저절로 평안해졌습니다. 엄마의 어깨 너머로 아이의 눈과 마주쳤을 때, 내가 먼저 '까꿍, 까꿍' 하며 사랑을 보냈습니다. '세상은 안전하고 좋은 것이란다. 아무 염려 말고 무럭무럭 자라렴. 너는 하나님의 소중한 아이란다' 하는 무언의 메시지를 마음으로 보내 주고 싶었습니다. 그러자 아이가 엄마 품에 쏙 들어가서 얼굴을 파묻었다가 다시 조심스레 고개를 올려 나를 다시 바라봅니다. 마치 나에게 또 '까꿍' 해달라고 재촉하는 듯했습니다. 나는 몇 번이고 아기와 까꿍놀이를 했습니다.

그 엄마는 참 편안해 보였습니다. 정서적으로 안정감을 주는 엄마인 듯 보였습니다. 엄마 품에 편안하게 안긴 아이는 참으로 예뻤습니다. 그렇게 정서적으로 편안한 엄마가 더 많아졌으면 좋겠다고 소원해 봅니다. 엄마가 편해야 자녀도 편하기 때문이지요.

가끔 자녀에게 안정감을 주지 못하는 엄마가 있습니다. 엄마 자신이 자녀에게 안정감을 줄 능력이 없는 것입니다. 그런 엄마를 보면 참 안타깝습니다. 자녀에게 엄마는 우주와 같고 하나님의 품과 같습니다. 그래서 어린 시절에 엄마와 건강한 유대관계를 잘 형성하는 것이 매우 중요합니다. 아기에게는 엄마의 역할이 절대자 하나님만큼이나 중요합니다.


## 태아도 존귀한 생명

발달 단계 이론에서는 태아기를 중요하게 다루지 않습니다. 그렇지만 창조주 하나님은 태아기 자녀를 벌써부터 소중한 생명으로 보고 계십니다. 태아도 숨쉬고, 느끼고, 발달하고 있는 생명 그 자체입니다. 성경은 하나님이 모든 생명을 모태에서 지으셨다고 말합니다. 그것도 신묘막측하게(Fearfully and wonderfully), 즉 두려울 정도로 아름답게 만드셨다고 합니다.

우리는 어쩌다 세상에 태어난 존재가 아닙니다. 하나님이 신비하게 만드셨고, 모든 생명에게 특별한 목적과 계획을 심어 놓으셨습니다.

주께서 내 내장을 지으시며 나의 모태에서 나를 만드셨나이다 내가 주께 감사하옴은 나를 지으심이 심히 기묘하심이라 주께서 하시는 일이 기이함을 내 영혼이 잘 아나이다 내가 은밀한 데서 지음을 받고 땅의 깊은 곳에서 기이하게 지음을 받은 때에 나의 형체가 주의 앞에 숨겨지지 못하였나이다 내 형질이 이루어지기 전에 주의 눈이 보셨으며 나를 위하여 정한 날이 하루도 되기 전에 주의 책에 다 기록이 되었나이다 시 139:13-16

과거 우리나라는 산아제한을 했습니다. 한때기는 했지만, 어쨌든 국가가 나서서 태아 살해를 한 셈입니다. 참으로 무섭고 끔찍한 일입니다. 한 나라로서 큰 실책입니다. 한국 사람들은 우수한 민족입니다. 당시 산아제한을 하지 않고 각 가정에서 자녀를 많이 낳아 키웠다면, 지금쯤 한국인들이 세계 각지에 흩어져서 국위와 국력을 높이고 또한 선교에도 큰 유익이 되었을 텐데, 참으로 안타까운 일입니다. 인공유산은 살인이고 죄악입니다. 만일 그러한 경험이 있다면 크게 회개해야 합니다. 그리고 이제부터는 생명을 소중히 여기는 부모가 되어야 합니다.

어떤 어머니가 넷째를 가졌습니다. 경제적으로도 어렵고 남편도 원하지 않고 항생제도 조금 먹었고 해서 낙태에 대한 유혹을 매우 강하게 느꼈습니다. 하지만 기도하면서 넷째를 낳았고, 지금은 "애를 안 낳았으면 어쩔 뻔했어요" 하고 말합니다. 남편은 물론, 사춘기 세 자녀도 어린 동생 얼굴을 한순간이라도 더 보려고 집으로 달려온다고 합니다. 이 엄마는 아기가 뱃속에 있을 때 "아가야, 엄마는 너를 기다려. 하나님도 너를 정말 사랑한단다"라고 계속해서 말해 주었다고 합니다. 남편과 다른 세 자녀도 엄마의 배에 손을 얹고 축복의 말을 해주었습니다. 이 가정은 늦둥이 넷째 덕분에 온 가족이 생명의 존귀함을 다시 한 번 배울 수 있었습니다. 자녀를 많이 낳는 것이 하나님의 축복임을 다시금 느꼈습니다. 교육비 걱정은 하나님 아버지께 맡기고 경건한 자녀를 많이 낳아 키우는 것이 하나님의 뜻입니다.

## 신뢰와 안정감을 형성하는 유아기

엄마 뱃속에서 생활하던 아기가 세상에 태어나면 엄마의 절대적 보살핌 없이는 살아갈 수 없습니다. 유아에게 엄마, 또는 주 양육자는 세상을 알기 전에 꼭 필요한 안전기지(Base camp)와도 같습니다. 따라서 엄마는 아기에게 신뢰감과 안정감을 심령에 심어 주어야 합니다.

그런데 과거와 달리 요즘에는 맞벌이 부부가 많다 보니 엄마들이 주 양육자로서 아기를 돌보지 못하는 경우가 많습니다. 그렇다 보니 친정엄마나 시어머니가 돌봐주는 경우도 많습니다. 그것도 여의치 않으면 아기 돌봐주는 도우미를 이모라고 부르면서 맡기기도 합니다. 어쩔 수 없겠지만 사실은 안타까운 일입니다.

아기에게는 엄마가 절대적 존재입니다. 생활비, 양육비 걱정에 어쩔 수 없이 맞벌이를 하게 되는 경우가 많지만, 이 시기는 자녀에게나 엄마에게나 다시 오지 않을 시간임을 기억해야 합니다. 아기를 키우는 동안은 잠도 실컷 못 자고 여러 가지로 매우 힘들지만, 조금만 견디면 나중에 큰 유익이 돌아온다는 것을 기억해야 합니다. 귀찮은 의무로서의 육아가 아니라 다시 돌아오지 않을 행복한 순간들로 여기고 오히려 마음껏 즐길 수 있기 바랍니다.

그럼에도 주 양육자의 역할을 엄마가 할 수 없다면 최소한 아기가 혼란을 느끼지 않도록 한 사람이 꾸준히 맡아서 돌보는 것이 중요합니다. 양육자를 통해 안전감을 배워야 하기 때문입니다. 양육자는 그저 우유 먹이고 기저귀 갈아 주는 사람이 아닙니다. 아이에게 정서적으로 사랑, 따스함, 일관성, 신뢰, 안정감 등을 주는 중요한 사람입니다.


## 모유는 하나님의 선물

엄마와 아기의 애착관계가 형성되는 중요한 시기가 바로 모유수유기입니다. 모유가 아기에게 얼마나 완전한 식품이라는 것에 대해서는 다시 말할 필요가 없을 것입니다. 아기는 태어난 개월 수에 맞춰 필요한 영양소가 달라지는데, 모유도 여기에 맞춰 영양분을

달리하며 아기에게 필요한 것을 채워 줍니다. 그걸 보면 창조주 하나님의 세밀하신 사랑은 정말 경이롭습니다. 모유를 먹고 자란 아이가 지능이 높다는 연구 결과도 있습니다. 모유는 아기에게는 하나님이 주신 최고의 선물입니다.

따라서 엄마는 아기가 태어난 순간부터 모유수유를 함으로써 아기가 엄마의 젖을 빨게 해주어야 합니다. 엄마와 맨살로 만나는 것입니다. 처음에는 아기도 엄마 젖꼭지에 적응해야 하기에 젖을 잘 못 빨기도 합니다. 이때 포기하지 말고 계속 시도해 주면 곧 상호간에 잘 적응하여 모유가 잘 나오게 됩니다.

모유는 영양 면에서뿐만 아니라 정서적으로도 최고의 안정감을 제공해 줍니다. 간혹 어떤 병원은 아기가 태어나자마자 엄마와 분리시켜 간호사가 아기에게 우유를 먹이는데, 그것은 결코 좋은 방법이 아닙니다. 산후조리원에서도 아기를 다른 방으로 데려가 간호사가 돌보는 경우가 많습니다. 그러나 아기에게 엄마의 젖가슴은 뱃속에 있었던 것 같은 편안함을 느끼는 최고의 환경입니다.

이렇듯 유아기에는 무엇보다 엄마와 건강한 애착관계를 맺는 게 가장 중요합니다. 애착이란 아기와 엄마 간에 갖게 되는 본능적 사랑과 끊을 수 없는 유대관계를 말합니다. 애착은 아기에게뿐만 아니라 엄마에게도 생깁니다. 엄마도 아기를 돌보면서 점점 사랑과 애착이 커집니다. 그래서 미혼모의 경우, 아기가 태어난 순간부터 분리되면 그런 대로 쉽게 잊을 수 있다고 합니다. 하지만 아기를 몇 번이라도 안아 본 엄마는 아기가 눈에 밟혀서 계속 생각나고 아기의 향취를 잊기가 어렵다고 합니다. 엄마는 본능적으로 아기의 미세한 움직임에도 반응합니다. 내가 보호하고 사랑해야 하는 아기가 생겼다는 사실 때문에 엄마에게서 그런 사랑이 펑펑 쏟아져 나오는 것입니다.

엄마는 그런 존재입니다. 당신을 대신해서 하나님은 속수무책으로 아무것도 할 줄 모르는 아기를 돌보도록 엄마에게 사랑을 주셨습니다. 요즘 아기를 유기하고 잔인하게 방치하는 엄마들을 뉴스를 통해 접하게 되는데, 모성마저 파괴되는 세상이 무섭기까지 합니다. 그러나 창조주 하나님은 엄마에게 귀한 생명을 맡겨 주셨습니다. 하나님의 자녀를 돌보는 마음으로 사랑과 모성을 듬뿍 쏟아 자녀에게 부어 주기를 부탁합니다.


## 0~3세, 인격이 완성되는 시기

유아기부터 걸음마를 시작하는 3세까지가 정서발달과 인격 형성에 아주 중요한 시기라고 말합니다.

좋은 엄마는 이 시기 아기의 필요에 민감하게 반응해 줍니다. 아기가 울면 배고파서 우는지, 기저귀가 축축해서 우는지, 졸려서 우는지를 누구보다 잘 아는 것입니다. 옹알이가 시작되면 맞장구를 치며 반응해 줍니다. 뜻을 알아듣지는 못해도 '배고팠어? 그랬어?

오줌 쌌구나, 졸립구나, 목이 말랐구나' 하며 끊임없이 말을 걸며 아기와 교감합니다.

이때 아기와 눈을 맞추고 웃어 주는 것도 중요합니다. 엄마가 웃으면 아기는 행복합니다. 그래서 가끔 엄마가 산후 우울증을 앓거나, 정서적으로 아기에게 반응해 주지 못하면 아기가 행복하게 자라는 데 지장이 생깁니다.

가끔 공원에 가면 아기를 돌보는 분들이 유모차에 아기를 앉혀 놓고, 자기들끼리만 서로 이야기 나누는 것을 종종 보게 됩니다. 그때 아기는 혼자 있습니다. 왠지 어른들이 아기에게 집중하지 않는 것 같아 노파심이 생깁니다. 늘 그러는 것이 아니기를 바라지만, 그때마다 안타까워 한마디 해주고 싶은 마음이 굴뚝같습니다.

조심스럽게 권합니다만, 적어도 아기가 세 살 때까지는 엄마가 직접 아기를 돌봐주었으면 좋겠습니다. 반드시 맞벌이를 해야 하는 경우가 아니라면, 엄마가 얼마나 중요한 전문 직업인지 알았으면 좋겠습니다. 자녀가 안정적으로 자란 후에 엄마의 인생에 욕심을 내었으면 좋겠습니다. 그러나 유아기 자녀에게 엄마의 역할이 얼마나 중요한 것인지 부모도 가족도 사회도 너무 쉽게 간과하는 것이 안타깝습니다. 어린 시절 엄마의 사랑을 흠뻑 받고 자란 자녀들이 많으면 훨씬 건강한 사회가 될 수 있습니다.

## 아기를 향한 하나님의 사랑

얼마 전 신문기사를 읽고 하나님의 사랑에 다시 한 번 감사하게 되었습니다. 뜨거운 햇볕이 내리쬐는 여름, 어떤 엄마가 아기를 낳자마자 길가에 버렸는데, 자전거를 타고 지나가던 어떤 사람이 이 아기를 발견하고 병원으로 데려갔습니다. 사람들은 이제 갓 태어난 아기가 아무것도 먹지 못한 채 사흘 동안, 그것도 뜨거운 햇볕에 타들어 가는 길가에 버려졌으니 곧 죽을 줄로만 알았습니다. 그런데 아기는 기적적으로 살아났습니다. 알고 보니 버려진 길 밑으로 작은 물줄기가 흐르고 있었고 풀들이 햇볕을 가려준 덕분이라고 합니다. 이 물줄기와 풀들이 길 위의 온도를 식혀 준 덕에 온도가 적절히 유지되어 아기가 먹지 않고도 살았다는 것입니다.

하나님의 특별한 보살핌이 아니면 이것을 무엇으로 설명할 수 있을까요? 나는 이 기사를 읽고 이 불쌍한 아기에게 이렇게 말해 주고 싶었습니다.

"비록 네 엄마는 너를 버렸지만 하나님이 너를 사랑하셔서 특별히 물줄기가 흐르는 곳에서 너를 보호하셨단다. 너를 향한 하나님의 놀라운 계획이 있음을 잊지 말기 바란다."

> 여인이 어찌 그 젖 먹는 자식을 잊겠으며 자기 태에서 난 아들을 긍휼히 여기지 않겠느냐 그들은 혹시 잊을지라도 나는 너를 잊지 아니할 것이라 사 49:15

내가 미혼모와 아기들의 양육을 돕는 '생명을 주는 나무'라는 기관에 '은이'라는 여자아이가 있습니다. 대뇌가 발달되지 않는 장애가 있어서 앞을 보지도, 움직이지도 못하는 아이입니다. 그런데 이 아이가 점점 목소리에 반응하고 있습니다. 가끔 노래를 불러 주면 표정이 달라집니다.

이 아이들을 보고 있으면 비록 부모에게서는 버려졌지만, 하나님께는 모두 소중한 자녀라는 사실이 더욱 실감이 됩니다. 그래서 아이들을 만날 때마다 예수님의 사랑으로 무럭무럭 잘 자라서, 하나님께 기쁨을 드리는 삶을 살기를 기도하며 품에 꼭 안아 주곤 합니다.


## 탐험하고 모험하는 자율성

돌이 지날 무렵부터 걷기 시작해서 제법 아장아장 걷게 되면, 이때부터 아기는 자율성을 배우게 됩니다. 우유를 혼자 먹으려 하고 밥도 많이 흘리더라도 혼자 떠먹으려고 합니다. 이때 부모는 금지시키면 안 됩니다. 흘린다고 야단치거나 숟가락을 뺏거나 부모가 먹이려고만 하면 안 됩니다. 아기들은 돌만 지나도 억지로 먹이면 거부하곤 합니다. 벌써 자율적 자아가 발달하는 것입니다.

어떤 엄마는 성격이 너무 깔끔해서 아기가 집을 어지르는 것을 못 보는데, 그것은 아기의 정서발달에 도움이 안 됩니다. 아기를 키울 때는 위험한 것은 치우고 아기가 몸을 움직이고 만지며 다닐 수 있도록 어느 정도 공간을 허락하는 것이 좋습니다.

한 젊은 엄마와 넓은 잔디밭에서 돗자리를 펴고 얘기를 나누고 있었습니다. 아기가 돗자리를 벗어나려 할 때마다 젊은 엄마가 "이리 와" 하면서 만류하기에 "잔디밭으로 나가도 안전해요. 놔둬 보세요" 했습니다. 그러다 아이가 넘어지려 하자 엄마가 뛰어가려 했습니다. 내가 "괜찮아요. 그냥 둬 보세요. 위험하지 않으니 잔디밭에서 놀게해 주세요. 지켜보다가 진짜 위험할 때만 보호해 주세요" 했습니다.

아기가 스스로 걷고 움직이고 만질 때, 자꾸 금지시키지 마세요. 무언가를 시도하고 탐험하며 모험하는 것을 허락하고 지켜보세요. 부모는 자녀를 안전하게 보호해 주어야 할 의무가 있지만, 동시에 자율성이 형성되도록 여유를 가질 필요도 있습니다.


## 분리와 개별화 시기

아기가 세 살이 지나기 시작하면 서서히 엄마에게서 분리되기 시작합니다. 자율성이 형성된 후, 이제는 엄마와 내가 다르다는 개별성을 인식하게 됩니다. 그래서 '아니야, 싫어, 내가 할래'라며 자기주장을 하기 시작합니다. 이때 아기는 자아 분리를 연습합니다.

따라서 부모는 여전히 애착과 안정감을 제공해 주는 동시에 조금씩 부모, 특히 엄마로부터 떨어져 나가는 것을 허락해야 합니다. 감정적으로는 여전히 접촉을 유지하면서도 이제 세상을 향해 나아 갈 수 있도록 분리를 지지해 주는 것이 중요합니다.

이때 아기는 독립과 의존의 갈등을 겪기도 합니다. 엄마와 세상 사이에서 왔다 갔다 하는 시기라고 이해하면 됩니다. 마치 자녀에게 정서적 탱크(Emotional tank)가 있다고 생각하면 됩니다. 우리는 자동차를 운전하다가 연료탱크가 비면 주유소에 가서 기름을 가득 채웁니다. 탱크가 충분히 차면 거리가 먼 곳까지 달려 나갈 수 있습니다. 그러다가 다시 탱크가 비면 주유소로 갑니다. 탱크를 채우기 위해서입니다.

이와 같이 자녀는 아직 엄마의 사랑과 의존이 필요합니다. 충분한 사랑과 의존을 제공하면, 자녀는 친구와 사회와 세상으로 호기심을 가지고 나아갈 수 있습니다. 그러다가 다시 정서탱크가 비고 허전하면 엄마 품으로 달려듭니다. 엄마는 자녀가 다가올 때는 품어 주고 안아 주고, 엄마에게서 떨어져 나갈 때는 살짝 밀어 주듯이 세상으로 나가게 해야 합니다. 그러한 의존과 독립의 절묘한 균형이 자녀의 분리와 개별화 시기를 잘 통과하게끔 돕습니다. 어렵게 느껴질지도 모르겠지만, 사실은 자연스레 되는 과정으로 보아도 됩니다. 단지 엄마는 자녀가 서서히 자율성과 개별성을 갖도록 도와야 한다는 것을 기억하면 됩니다.

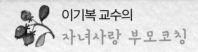
Q   아이가 여섯 살입니다. 최근 밤에 잘 때 이불에 오줌을 싸서 당황스럽
습니다. 혼을 내야 하나요?

---

대소변 가리기는 자연스레 배우는 과정입니다. 배우는 중에, 놀
이터에서 신나게 놀다가 바지에 실수할 수도 있고, 또 수박이나 물
을 많이 마신 날 밤에 실례할 수도 있습니다.

중요한 것은 그 실수에 대해 과민반응을 하지 않는 것입니다.
자녀를 혼내거나 창피를 주면 더더욱 안 됩니다. 오히려 "아까 물을
많이 마셔서 오줌을 쌌구나. 놀이터에서 노는데 너무 열중하다가 바
지에 오줌을 쌌구나"라고 말해 주고, 다음부터는 놀다가도 오줌이
마려운가 안 마려운가 생각해 보고 놀았으면 더 좋겠다고 말해 줍니
다. 그리고 자기 전에 수박이나 물을 마시지 않도록 합니다. 그렇게
했는데 실수를 반복해도 절대 창피를 주면 안 됩니다.

요즘은 대소변 가리기에 대해 굳이 애써 가르치지 않아도 된다
는 이론이 대세입니다. 거의 만 2세 반에서 3세까지도 기저귀를 떼
지 않아도 된다고 봅니다. 아이마다 차이는 있지만 3세 정도에 자녀
가 충분히 인식할 수 있다고 판단되면, 훈련을 시도하십시오. 약 3일
정도 외출하지 않고, 엄마와 자녀가 함께 집에 있으면서 훈련합니

다. 기저귀를 벗기고 시간을 재서 화장실에서 소변을 보게 합니다. 그리고 크게 칭찬해 줍니다. 훈련 과정 중에 몇 번이고 실수할 수 있지만, 차츰 배우게 됩니다. 나중에 자녀가 스스로 "엄마, 쉬ー"라고 해서 화장실을 잘 가면, 작은 초콜릿 한 개씩 선물로 보상해 주면 아주 효과가 높습니다.

중요한 것은 자녀가 스스로 화장실을 가거나, 이불에 실수를 하지 않고 새벽에 일어나 스스로 소변을 가리면, "어이구 이제는 기저귀도 안 차고 다 컸네. 자다가도 일어나서 혼자 오줌을 눴어? 고맙기도 해라" 하고 아주 크게 칭찬해 주는 것입니다.

대소변을 가리는 일은 자연스레 배울 수 있는 것입니다. 그러므로 지나치게 빨리 습관을 들이려고 하거나 강요하지 마십시오.


Q  18개월 아들이 뭔가 마음에 안 들거나, 하려는 걸 못하게 하면 손바닥으로 바닥이나 사람을 때리곤 합니다. 이 시기 아이들은 원래 그런 행동을 보이나요?


18개월만 되어도 아기들은 자아와 개별성이 생기면서 자기주장을 합니다. 자기 뜻대로 되지 않으면 떼를 쓰거나 공격적 행동을 하기가 쉽습니다. 아직 불만족감과 같은 부정적 감정들을 충분히 견디고 적절히 표현할 줄 모르기 때문입니다. 그러나 다른 아기들보다

유달리 더 심하게 공격적 행동들을 보일 때는 몇 가지 가능한 원인들을 점검해 보십시오.

**첫째는 엄마가 충분할 만큼 아기에게 사랑과 스킨십을 제공했는지 돌아보십시오.** 사랑의 결핍이 있을 때 아기는 돌발행동을 할 수 있다는 것을 항상 인식해야 합니다. 그러나 자연스러운 발달 과정일 수 있으니, 지나치게 반응하지 말고 자주 안아 주면서 사랑과 안정감을 더욱 제공해 주십시오.

**둘째는 벌써 적절한 훈계를 시작할 시기가 된 것입니다.** 물론 아직 말과 설명으로는 훈육이 불가능하겠지만, 다른 사람을 때리거나 손바닥으로 바닥을 치면 아기의 손을 제지시키며 붙잡으십시오. 돌발행동을 멈출 때까지 꽉 붙잡고 있어야 합니다. 아기가 떼를 써도 손을 놓지 말고, 꽉 품어 주듯이, 그러나 확고한 태도로 제지시킵니다.

아기는 그렇게 하면 안 된다는 것을 배워야 하고, 나를 제지시키는 부모의 힘이 강하기 때문에 오히려 안정감 있게 돌발행동을 멈추는 것을 배워야 합니다. 절대로 부모가 그냥 웃어 준다든가 그냥 놔둔다거나 아기의 행동에 져 주는 태도를 보여서는 안 됩니다. 나중에 저절로 나아지겠지 하면서 넘어가면 안 됩니다. 아기도 자기 통제력을 배워야 하기 때문입니다.

Q  세 살 딸아이와 슈퍼에 갈 때면 늘 곤혹스럽습니다. 아이스크림이나 과자, 사탕을 들고 와서 사달라고 조르는데 제가 안 된다고 하면 바닥에 드러누워 울고불고 합니다. 사람들 앞에서 혼내고 싶지 않은데 어떻게 하면 좋을까요?

---

먼저, 전에 아이가 조르고 떼쓰면 요구사항을 들어준 적이 있지 않았는지 돌아보시기 바랍니다. 아이는 어쩌면 울고불고 고집을 부리면 엄마(아빠)가 결국 사 줄 거라고 생각하는지도 모릅니다. 부모와 힘겨루기(Power game)를 하고 있는 셈입니다. 이 나이의 아이들 중 바닥에 드러누워 떼써 보지 않은 아이는 거의 없을 것입니다. 그러나 흔들리지 마십시오. 부모가 흔들리지 않으면 아이는 스스로 일어나서 따라옵니다.

안 되는 건 안 된다고 단호하게 이야기하십시오. 분명히 안 되는 일이라면 그 이유를 구구절절 아이에게 설명하지 않아도 괜찮습니다. 마트에서 아이에게 한번 "안 돼"라고 말했다면, 혹시 마음이 바뀌어 하나 사 주고 싶은 마음이 들더라도 그날은 번복하지 마십시오. 중도에 양보하거나 포기하지 말아야 합니다. 그리고 집에 가서 아이에게 "오늘은 엄마 말 잘 들었으니, 내일 사줄게"라고 말하십시오. 몇 번 졸라서 어쩔 수 없이 말을 번복하게 되면, 아이는 계속해서 조르고 고집을 부리게 될 것입니다. '엄마가 안 된다고 한 일은 안 되는구나'를 깨달을 때, 부모의 권위가 회복됩니다.

그런데 간혹 별 생각 없이 아이에게 안 된다는 말을 남용하는 부모가 있습니다. 아이가 뭔가를 사달라고 하면 한 번이라도 생각해 보고 사 줘도 될 만하다면 "그래, 하나 먹어라" 하고 사 주는 것도 좋습니다. 그러나 한 개만 먹으라고 했으면 그날에는 꼭 한 개만 사 주어야 합니다. 일관성을 가지고 지침을 주면 아이들은 오히려 편안하게 부모 말에 따르게 된다는 것을 명심하세요.

09

# 학령전기, 영혼육의 왕성한 성장

학령전기, 흔히 유치원 가는 나이의 자녀는 솔선성 (Initiative)의 성품이 개발되어야 합니다. 솔선성이란 다른 말로 하면 주도성, 리더십과 같은 성품이라고 할 수 있습니다.

## 솔선성, 넘치는 질문

솔선성이 좌절되지 않은 아이들은 자발적이고 창의적입니다. 두려움 없이 자신의 생각을 말하고 행동하고 선택할 수 있습니다. 자신이 원하는 놀이를 자발적으로 참여할 수도 있습니다. 이를테면 "내가 해볼래요. 내가, 내가", "나는 이거 하고 놀 거야!", "엄마 아빠, 나하고 이거 하면서 놀자"라는 말을 합니다. 이 솔선성이 잘 계발된 자녀는 앞으로도 자기주도 학습이 가능할 수 있습니다.

부모로서 이 시기의 자녀에게 솔선성을 더욱 함양시켜 주려면 질문을 많이 해줘야 합니다.

"뭘 먹을까?"

"오늘 뭐 하고 놀까?"

"너는 어떻게 생각하니?"

"그림을 어떻게 그리고 싶니?"

그리고 질문에 대해 자녀가 선택한 것을 가능한 한 인정하며 받아들여 주어야 합니다. 질문을 해놓고, 자녀의 선택과 답변은 거절하고 무시하면 안 됩니다.

솔선성은 호기심과 함께 발달되기도 합니다. 이 시기의 자녀는 한창 지능이 발달되는 나이입니다. 지금까지 잘 성장했다면, 자녀는 호기심이 많아서 궁금한 것에 대해 엉뚱한 질문도 많이 합니다. 내 자녀가 질문한다는 것을 아주 기쁘게 받아들이십시오. 그리고 질문에 대해 답변을 잘해 주어서, 호기심과 질문이 꺾이지 않게 해주세요.

물론 대답하기 어려운 질문을 할 때도 있습니다. 이를테면 "사람들이 왜 걸어가?", "꽃이 왜 있어?", "할머니는 왜 주름이 많아?"라고 묻기도 합니다. 이럴 때 "쓸데없는 것 그만 물어봐", "저리 가, 아빠한테 물어봐", "엉뚱한 소리 말고, 가서 놀아" 하지 마세요. 정 답변이 어려우면 "좋은 질문이네"라고만 반응해 주어도 좋겠지요. 또

답변이 어려우면 "글쎄, 왜 그럴까?", "너는 어떻게 생각해?", "여기 왜 꽃이 있을까?"라고 되물어도 좋습니다.

사사건건 질문하는 것이 귀찮을 수 있지만, 이 시기 자녀가 질문도, 호기심도 없다면 그것이야말로 큰일입니다. 솔선성이 좌절되어 매사 소극적인 자녀가 되지 않도록 해주는 것이 좋습니다.


## 죄책감이 생기는 나이

흔히 지능이라고 하면 IQ(지능지수)만 생각하기 쉽지만, IQ는 EQ(정서지수), SQ(사회성지수)와 함께 발달합니다. 또한 MQ(도덕성지수)도 함께 발달하는데, 즉 지능과 함께 '좋다, 나쁘다, 옳다, 그르다'와 같은 초보적 도덕 판단을 할 수 있게 된다는 말입니다.

그러나 아직 어린 자녀는 MQ를 잘못 이해하여 '내가 나쁘다'와 같은 죄책감으로 번질 수 있습니다. 그래서 이 시기 자녀에게 죄책감이 생기지 않도록 유의해야 합니다. 이런 말들이 죄책감을 줄 수 있습니다.

"너 또 엄마 말 안 듣고 속 썩일래?"

"너는 왜 항상 그러니? 너 때문에 엄마가 속상해."

"너 때문에 창피해 죽겠어."

"너 그렇게 자꾸 아빠 말 안 들으면 아빠가 너 사랑 안 한다."

"너 아주 나쁜 애구나."

"예수님이 너를 좋아하시겠어, 미워하시겠어?"

"너 그러면 벌 받는다."

혹시 자녀에게 이런 말을 한 적은 없습니까? 어떤 부부는 자신들이 싸워 놓고 "네가 말을 안 들어서 엄마 아빠가 싸우는 거잖아!" 합니다. 덮어씌우지 마십시오. 그리고 자녀에게 '마음에 안 든다, 실망스럽다'는 말도 하지 마십시오. 죄책감은 자녀의 성품에 어두움을 주고, 솔선성 발달을 저하시킵니다.

이 시기의 자녀가 거짓말을 할 때가 있습니다. 사실 빤한 거짓말입니다. 그런데 그때마다 창피를 주면 그것 역시 죄책감을 심어 주게 됩니다.

하루는 손주가 우리 집에 와서 TV를 보자고 했습니다. 딸아이가 집에서 TV를 보여 주지 않으니까 우리 집에서라도 마음껏 보고 싶었던 겁니다. 그래서 내가 "엄마가 TV 봐도 된다고 했어?" 하고 물어봤습니다. 손주는 순간 내 눈을 피하며 "네" 하고 대답했습니다. 거짓말을 한다는 것이 금방 보입니다.

만일 이때 내가 "너 왜 거짓말을 해? 할머니가 다 알아" 하면 손주의 내면에는 죄책감이 생길 수 있습니다. 그렇다고 내가 손주의 말에 속는 셈 치고 그냥 TV를 보여 준다면, 손주는 TV를 시청하는 동안 내내 죄책감을 느끼게 될 것입니다. 그러면 문소리만 들려도 놀라고 전화가 울려도 TV를 끄려고 할 것입니다.

이럴 때 아이에게 죄책감을 주지 않기 위해서는 "그랬구나. 엄마가 보라고 했구나. 그럼 할머니가 다시 한 번 엄마에게 허락받아 줄게"하고 엄마의 허락을 받은 후 편하게 일정 시간 동안 TV를 시청하게 하는 것입니다. 사람은 누구나 죄책감이 생기면 숨게 되고 벽이 생기고 나중엔 분노가 생깁니다. 죄책감은 솔선성을 방해합니다. 자녀의 성품에 죄책감을 심어 주는 것은 인생에 무거운 짐을 지우는 것과 같습니다.

언젠가 〈사랑이 지나간 자리〉라는 영화를 보면서 죄책감이 얼마나 관계를 해치는지를 새삼 느낀 적이 있습니다. 영화에서 엄마는 두 아들을 데리고 동창회에 갑니다. 그러고는 큰아들더러 어린 동생을 잘 보라고 당부했습니다. 그런데 큰아들이 동생의 손을 놓는 바람에 둘째아들을 잃어버렸습니다. 이후 부모는 10여 년을 잃어버린 둘째아들을 찾느라 삶이 엉망이 되고 말았습니다. 알고 보니 큰아들은 동생이 잠시 미워서 손을 놓은 것이었습니다. 그는 자신 때문에 동생을 잃어버렸고, 부모님의 삶까지 망쳤다는 죄책감을 안고 살았습니다. 사춘기가 되면서 큰아들의 성품은 우울해졌습니다. 그는 부모의 눈을 피해 다니면서 별거 아닌 말에도 벌컥벌컥 화를 냈습니다. 마침내 둘째아들을 찾았을 때도 큰아들은 기뻐하지 않았고 동생을 받아들이지 못했습니다. 나중에야 부모는 큰아들의 괴로움을 알게 되어 "그동안 네가 괴로웠구나. 하지만 너 때문이 아니었어. 미안해. 사랑해"하며 큰아들의 마음을 만져 주었습니다. 그러자 큰아들이 동생을 서서히 받아들이게 되었습니다.

만약에라도 자녀에게 죄책감을 주었던 적이 있다면 지금이라도 용서를 구하십시오. 자녀를 꼭 안아 주면서 "미안하다. 사랑한다"고 말해 주십시오. 죄책감 때문에 생긴 자녀의 마음의 짐을 지금이라도 내려놓을 수 있도록 해주십시오.

## 죄책감을 치유하시는 하나님

아담은 벌거벗었어도 부끄러워하지 않았습니다. 하나님과도 장애 없이 교제가 가능했습니다. 하나님은 아담에게 모든 것을 다 먹고 즐기되, 선악을 알게 하는 선악과는 먹지 말라고 하셨습니다. 이 명령은 인류를 보호하기 위함이었지만, 아담은 이 말씀에 불순종하여 죄를 짓게 되었습니다. 그 결과 수치심과 죄책감의 고통을 알게 되었습니다.

죄책감을 갖게 된 아담은 하나님의 낯을 피하여 숨었습니다. 무화과 나뭇잎으로 벗은 몸을 가리면서, 나름대로 죄책감을 처리하려 했습니다. 하나님은 여전히 아담을 사랑하시고 치유하기를 원하셨기에 "아담아 네가 어디에 있느냐?"라고 부르셨지만, 아담은 하나님의 음성을 듣고도 숨기에 급급했습니다. 하나님과 대화하기를 거부한 것입니다.

죄의 결과, 인류는 살인을 저지르기 시작했습니다. 여전히 하나님의 낯을 피하여 도시를 세우고 바벨탑을 쌓으며 숨고 또 숨었습니다.

그럼에도 하나님은 우리를 여전히 사랑하십니다. 그래서 죄책감의 뿌리를 치유하셨습니다. 죄의 대가를 그의 아들 예수 그리스도에게 전가시키신 것입니다. 우리에게 죄책감을 주기는커녕 그 죄책감을 해결해 주셨습니다.

요한복음 8장에서 간음하다가 잡혀 죄책감에 사로잡힌 여인에게 예수님은 "너를 고발하던 그들이 어디 있느냐 너를 정죄한 자가 없느냐… 나도 너를 정죄하지 아니하노니 가서 다시는 죄를 범하지 말라"(요 8:10-11)고 하시며 여인을 죄책감에서 자유케 하셨습니다. 로마서 8장 1-2절에서 바울은 "그러므로 이제 그리스도 예수 안에 있는 자에게는 결코 정죄함이 없나니 이는 그리스도 예수 안에 있는 생명의 성령의 법이 죄와 사망의 법에서 너를 해방하였음이라"고 선포하고 있습니다.

죄책감이 치유되면 죄를 짓지 않게 됩니다. 정죄받지 않으면 죄를 짓지 않게 됩니다. 이것이 우리를 사랑하시는 하나님의 지극하신 사랑입니다. 이러한 사랑으로 우리 자녀를 바라볼 수 있기를 바랍니다.


## 훈계하되 죄책감을 주지 않도록

아이들은 자기끼리 놀면서 "우리 집에 호랑이 있다", "우리 집엔 열 마리 있다"라고 말하기도 합니다. 그냥 떠오르는 대로 얘기하는 것입니다. 이때 부모는 "아이고, 호랑이가 집에 있으면 잡아먹지. 호랑이는 동물원에 있지" 하고 교정해 주면 됩니다. 그런데 "우리 집에 호랑이가 있다구? 어디서 새빨간 거짓말을 하고 그래?" 하면 자녀를 부끄럽게 해서 죄책감을 심게 됩니다. 틀린 것은 바로잡되 죄책감은 주지 않아야 합니다.

어떤 엄마는 아들이 거짓말하는 버릇을 고쳐 주려고 작정하고 때렸다고 합니다. 사연인즉 아들이 유치원을 마치면 미술학원에 가도록 되어 있는데, 매번 늦게 와서는 미술 선생님한테 "엄마가요, 유치원에 와서 아이스크림 사 주고 놀다가 이제 왔어요"라고 했다는 것입니다. 아이가 반복되는 이유로 늦었다고 하니까 미술학원 선생님이 이상하게 여겨서 엄마에게 사실 확인을 했고, 엄마는 아이가 거짓말한 사실을 알게 되었습니다. 엄마는 그날 아들을 심하게 혼냈습니다. 심지어 매까지 들었습니다. 이 일을 계기로 아들은 거짓말을 하지 않게 되었을지도 모릅니다. 그러나 아들의 마음에는 '나는 참 나쁜 애구나. 거짓말쟁이구나' 하는 죄책감이 생겼을 것입니다.

그러면 죄책감을 주지 않는 훈계는 어떠해야 할까요? 일단 거짓말을 하게 된 동기를 살펴야 합니다. 앞선 사연에서 아이가 거짓말한 이유는, 미술학원 선생님이 무서웠거나, 괴롭히는 친구가 있었을지도 모릅니다. 혹은 미술이 재미없고 싫었거나, 친구 엄마가 아이스크림을 사 주는 것이 부러웠을 수 있습니다.

동기를 알아냈다면 "왜 그렇게 말했어? 다음부터는 사실대로 말하면 엄마가 도와줄게"라고 말한 후 자녀의 이야기를 듣는 것입니다. 자녀가 마음을 털어놓으면 제일 좋겠지요. 만약 이야기하지 않더라도 보채지 말고 "다른 엄마가 아이스크림 사 주는 게 부러웠니? 그랬구나. 다음부턴 사실대로 말해도 혼 안 낼게. 사실대로 엄마에게 말하는 거야. 알았지? 엄마는 우리 아들 사랑해" 하고 말해 주십시오. 그리고 다음에 비슷한 상황에서 자녀가 거짓말이 아닌 진실을 말하면 크게 칭찬해 주세요.

거짓말을 고친다고 무작정 매를 드는 것도 문제지만, 거짓말하는데도 엄마가 속아 넘어가거나 대수롭지 않게 여기는 것도 문제입니다. 자녀는 엄마를 한 번 속이면 다음번엔 더 큰 거짓말을 하게 됩니다. 그러므로 부모는 자녀의 말이 거짓말인지 아닌지를 분별해서 바르게 훈계해야 합니다.

## 구원의 기초를 심어줄 시기

자녀가 도덕성이 생기고 '옳다, 그르다, 착하다, 나쁘다'를 분별하는 나이가 되면 예수님의 복음을 초보적으로나마 이해할 수 있습니다.

유아기의 딸이 슈퍼에서 초콜릿을 하나 가져왔습니다. 돈을 내지 않고 훔쳐 온 셈입니다. 게다가 슈퍼 아저씨가 따라와서 큰소리를 칩니다. 딸은 두려움에 떨고 있습니다. 이런 상황에서 부모는 어떻게 해야 할까요? 일단 아이 손에 돈을 쥐어 주고 아저씨에게 지불하도록 돕습니다. 그리고 "아저씨, 잘못했습니다. 앞으로는 꼭 돈을 내고 가져올게요. 죄송합니다. 용서해 주세요"라고 말하도록 시킵니다. 그리고는 앞으로 슈퍼에서 먹고 싶은 것이 있으면 엄마에게 말하고 돈을 내고 가져오는 것이라고 가르쳐 줍니다. 마지막에는 꼭 "엄마는 그래도 우리 딸을 사랑해" 하고 말해 주어야 합니다.

그리고 엄마와 아빠도 죄를 지은 적이 있었지만, 예수님이 우리를 용서하셨다고 설명해 줍니다. 예수님이 아니었다면 우리는 지옥에 갈 수 있었는데, 예수님이 대신 우리 죄의 대가를 치르셔서 우리는 하나님의 자녀가 될 수 있었다고 설명해 주십시오. 벌써 알아들을 수 있는 나이입니다. 다 이해는 못 해도 감옥과 지옥, 벌과 용서에 대해서는 어렴풋이 이해할 수 있습니다. 우리는 예수님의 죽으심으로 하나님께 사랑받는, 하나님의 자녀가 되었다고 설명해 주십시오. 그리고 하나님의 자녀인 우리는 이제 거짓말도 하지 않고, 남의 물건을 훔치지도 않는 사람들이라고 설명해 주세요. 무엇보다도 무슨 일이 있어도 엄마 아빠는 너를 사랑한다고 확인시켜 주십시오. 그것이 구원의 기초입니다.

## 협동심과 사회성 있는 자녀로 키우기

요즘 간혹 자기 자녀가 귀하다고 독불장군처럼 자기만 아는 이기적 자녀로 키우는 부모가 있습니다. 한번은 백화점 놀이방에서 아이들이 노는 것을 지켜본 적이 있습니다. 어떤 아이가 트럭을 가지고 놀고 있는데, 다른 아이가 와서 때리고 빼앗아 갔습니다. 빼앗긴 아이가 울고 있습니다. 남이 노는 장난감을 빼앗은 아이 엄마는 옆에서 가만히 보고만 있습니다. 내가 "다른 아이가 놀고 있는 것을 빼앗고 때리는 것은 안 되지. 미안하다고 해. 그리고 '나도 트럭 가지고 놀고 싶어. 같이 놀자' 라고 말해야지" 했습니다. 그래도 그 어머니는 나를 흘겨보면서 아무 말도 하지 않았습니다. 참으로 안타까웠습니다. 잘못을 묵인하는 것은 자녀 사랑이 아닌데, 자녀에게 친구와 협력하고 양보하고 미안하다, 고맙다고 말하는 것을 가르쳐야 하는데 말입니다.

사람은 혼자 살 수 없습니다. 아무리 능력이 출중하고 지식이 탁월하게 좋아도 이웃과 친구들과 더불어 살지 않는 사람은 폐인이 되고 맙니다. 그러므로 부모는 자녀의 재능을 계발시키는 동시에 친구와 협동하며 살도록 사회성을 반드시 길러 주어야 합니다. 주위를 보면 혼자 똑똑한 사람보다 대인관계가 원만하고 좋은 사람, 그래서 좋은 친구가 많은 사람, 윗사람에게도 잘하는 사람, 더 나아가서는 불우한 이웃을 돌볼 줄 아는 사람이 장기적으로 성공적인 인생을 살게 되는 것을 봅니다. 아무리 능력 있어도 사회성이 개발

되지 않으면 성공할 수 없습니다. 사회성은 이타심 또는 협동심과 관련 있습니다. 사회성도 훈련시켜야 합니다. 자녀가 진정 행복하고 성공적인 삶을 살기 원한다면 이 시기에 사회성을 가르치기 바랍니다.

## 재미있게 놀아 주는 아빠가 좋은 아빠

어린 시절에 경험한 즐거움은 솔선성, 창의성, 사회성의 토양입니다. 야외에서 물놀이, 모래놀이를 하고, 놀이터에서 마음껏 뛰어놀게 하십시오. 아이들은 깔깔거리며 뛰고 놀면서 행복을 느낍니다. 행복을 경험해야 지능과 사회성도 건강하게 발달할 수 있습니다.

특히 이 시기에 아빠의 역할이 매우 중요합니다. 심각한 아빠보다 재미있는 아빠가 되십시오. 아이들은 바쁜 아빠보다는 같이 놀아 주는 아빠에게서 사랑을 느낍니다. 놀아 주는 아빠가 좋은 아빠입니다.

가정에서는 건전한 게임과 놀이를 개발해 보세요. 오목이나 보드 게임, 윷놀이 등 규칙을 따라 협동할 수 있는 게임들이 아이들에게 유익합니다. 규칙을 따르는 것은 사회성의 하나입니다. 한편, 놀아 줄 때 몰래 도와주고 때로는 일부러 져 주는 아빠가 되십시오. 어떤 아빠는 아이와 놀면서도 끝까지 자기가 이겨야 좋아합니다. 자녀와 겨루기를 하는 것인지 놀아 주며 아빠 노릇을 하는 것인지 우습기도 하고 어처구니없기도 합니다.

놀이를 하다가 자녀가 뭔가 뜻대로 안 돼 기를 쓰고 있으면, 함께 있되 스스로 하게 하고, 스스로 했을 때 칭찬해 주십시오. 예를 들어, 블록놀이를 하다가 모양이 맞춰지지 않아 신경질을 내더라도 곧바로 대신해 주지 말고 "아이고 잘한다. 우리 이제는 세모를 한번 찾아볼까?" 하면서 바른 짝을 찾도록 유도하는 것입니다. 그리고 모양을 맞췄을 때 충분히 칭찬해 줍니다. "세상에! 우리 딸(아들)이 이렇게 많은 블록에서 세모 블록을 찾아서 맞춘 거야? 진짜 잘했어" 하고 말입니다. 그렇게 격려해 주면 자녀는 아빠가 도와줘서 블록을 맞췄으면서도 자기 혼자 한 것으로 여기고 자신감이 커집니다. 자녀는 아빠와 놀면서 협동심을 배우고 자신감도 커지게 됩니다.

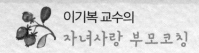
Q  아이가 나중에 커서 자신의 신앙으로 선택할 때까지 기다려 줘야 하나
   요? 아니면 어려서부터 믿음을 갖도록 해야 하나요?

---

신앙은 억지로 강요할 수 없습니다. 강요나 억압으로는 진정한 사랑의 관계를 맺을 수 없는 것과 같은 이치입니다. 그러나 자녀가 장성한 후에 스스로 하나님을 선택하고 믿게 하겠다는 것은 위험하고 순진한 생각입니다.

어릴 때 신앙심이 생기지 않으면 커서 하나님을 선택하는 것은 쉽지 않습니다. 학교에서조차 진화론을 배울 뿐만 아니라, 세상의 가치와 문화도 거의 하나님을 대적하고 있기 때문입니다. 특히 자녀가 사춘기가 되면 부모의 말보다는 친구들의 말을 더 믿고 따릅니다. 세상은 자녀의 영혼을 공격하고 있습니다. 악한 사람들은 더욱 악해지고 속이는 사람은 더욱 속이는 세상입니다. 이러한 세상에서 살아 계신 하나님을 알고, 성경의 절대적 가치관에 따라 살게 하는 것은 부모의 영적 책임이기도 합니다.

어릴 때부터 하나님의 사랑을 알게 하십시오. 예수님의 은혜를 말로, 삶으로 가르치십시오. 종교를 가르치는 것이 아니라, 사랑을 심어 주는 것입니다. 그리고 어릴 때 말씀을 심어 주십시오. 아직 부모 말을 들을 때 성경 말씀을 통해 진리와 사랑과 가치관을 가르치면 자녀는 나중에도 스스로 하나님을 선택하고 순종하는 복된 자녀가 될 것입니다.

> 그러나 너는 배우고 확신한 일에 거하라 너는 네가 누구에게서 배운 것을 알며 또 어려서부터 성경을 알았나니 성경은 능히 너로 하여금 그리스도 예수 안에 있는 믿음으로 말미암아 구원에 이르는 지혜가 있게 하느니라 모든 성경은 하나님의 감동으로 된 것으로 교훈과 책망과 바르게 함과 의로 교육하기에 유익하니 이는 하나님의 사람으로 온전하게 하며 모든 선한 일을 행할 능력을 갖추게 하려 함이라 딤후 3:14-17

Q 다섯 살 딸이 유독 당근이나 양배추 같은 채소를 먹지 않습니다. 영양 균형 때문에 걱정입니다.

---

딸의 편식 때문에 걱정이 되시는군요. 그러나 강요해서 먹이려 하면 더 먹지 않게 됩니다. 절대 채소를 먹어야 한다고 강요하지 마십시오. 다른 사람들 앞에서 우리 딸이 채소를 먹지 않아서 속상하다는 말도 하지 마십시오. 아이에게 '나는 채소를 먹지 않는다'는 생각을 넣어 주지 마십시오.

일단은 영양소를 연구해서 채소에 바나나 또는 사과 등을 넣어 맛있는 주스로 갈아서 먹이십시오. 다른 음식으로 영양을 보충해 주세요. 그리고 당근을 먹어서 힘이 나는 만화영화를 슬쩍 보게 하세요. 어쩌다가 아이가 당근을 하나라도 먹으면 "우리 딸이 당근을 잘 먹어요" 하고 칭찬하고 사람들 앞에서 말해 줍니다.

강요하지 않으면 유치원이나 학교 같은 단체생활을 하다가 친구들을 따라 자연스레 먹게 됩니다. 일단 부모님이 아이가 무엇을 먹는지에 대해 너무 과민하게 반응하거나 신경 쓰지 않는 것이 중요합니다.

Q 아들이 네 살인데, 요즘 목욕을 하면서 자기 고추를 만지다가 엄마를 보면 당황하고 혼자 얼굴이 빨개지기도 합니다. 그러한 아들의 행동에 당황스러워서 어떻게 교육해야 할지 모르겠습니다.

4~6세가 되면 자신의 성에 대해 인식하기 시작합니다. 여자는 엄마를 통해, 남자는 아빠를 통해 여성, 남성의 정체성이 발달합니다. 기본적으로 그러한 행동은 아이의 몸이 성숙해지는 과정에서 자연스럽게 발생할 수 있는 현상임을 이해할 필요가 있습니다.

자신의 몸과 성기를 만지기는 것은 호기심 때문이기도 하고 기분이 잠시 좋아지기 때문이기도 합니다. 그런데 대체로 아이들은 혼자 있거나 심심하거나 불안하거나 잠자기 전에 이런 행동을 합니다. 가장 중요한 것은 이러한 행동에 대해 부모가 과민하게 반응하지 말아야 한다는 것입니다. 수치심을 주어서도 안 됩니다. 물론 그냥 무시하고 넘어가서도 안 됩니다. 다음은 대략의 대처 요령입니다.

**과민반응하지 않습니다.** 이때 부모가 호들갑스럽게 야단치면 자녀는 고착되어 집착하게 됩니다. 따라서 아이가 그러한 행위를 하는 것을 목격했을 때는 못 본 척하며 일으켜 세운다거나 아이의 관심을 다른 곳으로 유도합니다.

**위협하지 않습니다.** 아이가 성기를 만지면 부모는 당혹스러워합니다. 그래서 흔히 "고추 만지는 것은 아주 나쁜 거야" 혹은 "병원에 가서 큰 주사를 맞아야 한다"는 등의 위협을 하는데, 이러한 말은 아이를 주눅 들게 하고 두렵게 합니다. 그러면 오히려 집착하게 됩니다.

**자녀가 재미있어 하는 놀이를 해서 관심을 돌립니다.** 예를 들면 수영, 걷기, 공놀이, 태권도, 펜싱 등 에너지 소모가 많은 운동을 시켜 주세요. 운동은 신체발달뿐 아니라, 정신건강에도 여러 가지로 유익합니다. 또는 그림이나 찰흙놀이같이 무엇을 재미있게 만드는 비교적 오랫동안 집중할 수 있는 놀이를 시켜 주세요.

**또래 친구들과 어울릴 수 있도록 도와줍니다.** 자신의 성기를 자주 만지는 아이 중에는 내성적이거나 친구들과 잘 어울릴 줄 모르는 아이들이 많습니다. 아이를 가능한 한 혼자 두지 말고 친구들과 어울리게 하거나 부모와 함께할 수 있는 놀이를 찾아봅니다.

**팬티를 입혀 주세요.** 손을 집어넣기 쉬운 헐렁한 옷이나, 반대로 지나치게 꼭 끼는 옷을 입히지 말고 편안하지만 손을 집어넣기 힘든 옷을 입힙니다. 반드시 팬티를 입혀서 안정감을 갖게 해줍니다.

여자아이에게서도 비슷한 행위가 많이 발견됩니다. 이불 속에서 다리를 꼬면서 얼굴이 빨개지거나 의자 모서리에 성기 부분을 대고 밀면서 얼굴이 빨개지면 자위행위라고 볼 수 있습니다. 하지만 대부분의 아이들은 몇 번 그러다가 다른 재미있는 놀이가 있으면 관심을 옮깁니다. 따라서 저절로 없어지는 경우가 많습니다.

문제가 되는 것은 또래 아이들과 어울리지 않으면서 하루에도 몇 번씩 자위행위를 하거나, 그러한 행위에 집착하는 경우입니다. 이 경우 정서적으로 외롭고 심심하다는 신호로 읽으면 됩니다. 따라서 자녀가 부모의 사랑을 충분히 받고 있다는 걸 느끼도록 많이 안아주고, 사랑을 표현하고, 재미있는 시간을 많이 가지도록 하십시오.

무엇보다도 부모 자녀의 관계와 가정환경을 점검해 볼 필요가 있습니다. 부모가 성적으로 순결하지 않은 부분이 있지는 않은지, 가정에 성인 영상물이 있어서 자녀에게 노출되어 있지는 않은지, 부모가 지나친 노출을 하고 있지는 않은지, 주위에 다른 친구들과 성적인 놀이 경험이 있지는 않는지를 점검하십시오. 부모님이 순결하다면, 그리고 자녀를 충분히 사랑해 준다면 자연스레 사라지게 될 것입니다.

# 10

학령기,
하나님이 심으신
재능과 특기를 찾을 때

부모들은 자녀에게 기대하는 꿈이 있습니다. 그러나 일반적으로 그 꿈은 자녀의 특성을 고려한 게 아니라 부모가 바라는 꿈, 혹은 부모 자신이 못다 이룬 꿈인 경우가 많습니다.

한동대학교에서 학생들을 가르치던 시절에 출석부를 보면 부모의 신앙이 어떤지 알 수 있었습니다. 학생들 이름이 김영광, 이사명, 이헌신, 박선교 식인 겁니다. 내가 농담 삼아 "선교야, 너는 선교사가 될 거니?" 하고 물으니 그 학생은 손사래를 치며 아니라고 했습니다.

자녀의 미래는 우리의 꿈이 아니라, 하나님의 꿈대로 이뤄집니다. 어쩌면 전혀 생각지도 못한 것일 수 있습니다. 그러나 부모는 하나님의 선하신 뜻이 자녀의 삶에서 이루어지도록 끊임없는 지지와 기도를 해야 합니다.


## 가능성의 문을 활짝 열다

오늘날의 직업 중에서 상당히 많은 분야가 미래에는 사라질 것이라고 합니다. 또한 우리 자녀 세대가 살아갈 미래의 유망 직업군은 부모들의 생각과는 상당한 차이가 있다고도 합니다. 이제 우리의 제한된 생각을 내려놓아야 할 것 같습니다. 열린 마음을 가져야 합니다.

모든 직업은 신성한 것이며 하나님께 영광 돌리는 도구가 될 수 있습니다. '이 직업은 절대 안 돼!'하는 생각을 버리십시오. 부모는 단지 자녀를 향하신 하나님의 목적, 꿈과 비전을 자녀 스스로 찾아가도록 옆에서 지지하고 기도해 주며 도와야 합니다.

아이의 재능을 발견하는 방법으로 성격검사, 적성검사, 진로검사가 있습니다. 그러나 이런 방법은 절대적인 것이 아니라 참조사항일 뿐입니다. 자녀는 성장하면서 얼마든지 달라질 수 있습니다. 중요한 것은 자녀를 곁에서 관찰하고 연구해서 재능과 특기를 찾아 주는 것입니다. 그것도 부모가 너무 앞서지 말고, 자녀가 스스로 자기탐험과 자기발견을 하도록 곁에서 격려해 주어야 합니다. 부모는 하나님의 청지기로서 자녀가 바른 길을 가도록 때로는 역할 모델이 되고, 멘토가 되고, 정보 제공자가 되고, 중보기도자가 되어야 할 것입니다.

나는 교회에서 중고등부 수련회를 통해 직업군 소개, 적성검사, 자기 꿈 적어 보기 등의 프로그램이 있었으면 좋겠다고 생각합니다. 가능하면 교회 어른들 중에서 자기 직업을 소개하고 그에 대한 미래 전망과 어려움을 얘기해 주면 더 좋을 것 같습니다.

한동대학교에서는 학년별로 10년 후 자기 꿈과 비전, 기대하는 자기 모습을 종이에 적어서 항아리에 넣고 잔디밭에 묻어 두는 행사를 진행합니다. 10년이 지나 홈커밍데이를 통해 졸업생들은 모교에 돌아와서 10년 전에 자기가 쓴 종이를 꺼내 읽고 현재와 비교하면서 앞으로의 삶을 위해 기도합니다. 그리고 또다시 다음 10년 후의 비전과 꿈을 땅에 묻고 떠납니다. 상징적 행사이지만, 학생들에게 미래의 꿈을 심어 주는 아름다운 장면입니다.


## 열등감을 치유하고 재능을 발견하게 해줘라

사실 많은 아이들이 초등학교 때부터 열등감을 갖게 되는 것 같습니다. 학교라는 매우 정형화된 공간에서 공부 잘하는 아이, 공부 못하는 아이로 우열을 나누다 보니 아이들끼리 서로 비교하고 경쟁하는 가운데 열등감이 생기는 것입니다. 공부 내용도 자신의 생각을 발전시키기보다는 정답만을 찾아가는 식입니다. 오늘날 제도 교육을 보면 안타까운 게 참 많습니다.

내 아들은 수학과 과학을 잘하는 반면 딸은 수학을 못했습니다. 사실 엄마인 나도 과거에 수학 머리는 없었습니다. 어느 날 아들이 동생을 두고 "엄마, 쟤는 진짜 머리가 나쁜가 봐요. 수학 공부할 때 저렇게 설명을 해주어도 못 알아들어요. 바보 아니에요?" 하더군요. 그래서 내가 이렇게 말해 줬습니다.

"너는 수학을 잘하지만 동생은 창의적이고 예술적 감각도 뛰어나고 모든 것에 적극적이고 잘하는 게 많아. 그러니 그렇게 말하면 안 되지."

사실 나도 딸이 수학을 못해서 속상했지만, 아들한테는 일부러 그렇게 말했습니다. 이후 아들은 동생이 수학을 못한다고 놀리거나 무시하지 않았습니다. 딸은 열등감 없이 자라서 자기 삶을 씩씩하게 살아가고 있습니다.

집을 나서는 순간 우리 아이들은 자신의 자아존중감을 지키기가 어렵습니다. 세상이 끊임없이 비교하고 경쟁을 부추기다 보니 열등감에 사로잡히기 쉽죠. 그래서 우리가 애써 자녀가 열등감을 갖지 않도록 해줘야 합니다. 초등학생 때부터 열등감이 심해지면 사춘기가 되었을 때 많은 문제를 일으킬 수 있기 때문입니다.

혹시라도 "나는 공부를 못해요"라고 말한다면, "무슨 소리야? 앞으로 더 많은 날을 공부해야 하는데 벌써부터 공부 잘해, 못해가 어딨어? 너는 잘하는 게 있잖아. 하나님께서 너를 향한 계획을 갖고 계셔. 그것을 발견하는 게 진짜 공부인 거야" 하고 말해 주어야 합니다.

가정은 자녀가 밖에서 맛본 열등감을 치유하고 자신감을 다시 갖도록 도와야 합니다. 밖에서 손상된 자아존중감을 회복시켜 주십시오. 자녀를 향해 밝게 웃으며 "엄마는 너만 보면 정말 행복해. 너무 좋아" 하고 말해 주십시오. 자신이 조건 없이 존재 자체로서 사랑받고 있다는 확신을 넣어 주기만 하면 되는 것입니다.


## 친구들이 필요한 나이

초등학생이 되면 부모보다 또래 집단에 소속되는 것으로 존재감을 느끼기 시작합니다. 고학년이 될수록 부모보다 또래 집단의 영향을 더 많이 받게 됩니다. 이는 사회성 발달을 위해 필요한 과정입니다. 그런 시기에 또래 집단에서 따돌림 당하며 소속감을 박탈당하는 것은 자녀에겐 그 어떤 형벌보다 고통스러운 일입니다.

만일 자녀가 따돌림을 당하는 상황이라면 부모가 그 사실을 알아야 하고 지혜를 모아 해결해 나가야 합니다. 무엇보다도 부모가 아이 편이 되어 주고 상처받은 마음을 함께 공감하며 지지해 주어야 합니다. 그리고 자녀가 또래 집단에 소속될 수 있도록 환경을 만들어 주어야 합니다. 가령 축구나 농구, 수영과 같은 운동 프로그램에 참여하게 하고, 몇 명의 그룹이 정기적으로 만날 수 있는 독서 프로그램 같은 것을 만들어 주는 것도 좋습니다.

가정에서 부모에게 늘 지지받고 인정받는 아이는 따돌림을 당해도 이겨 내는 힘이 있습니다. 실망스런 상황에 처해도 일어설 힘이 있습니다. 잠시 열등감이 생겨도 치유하고 회복시킬 자기 힘(Ego-strength)이 있습니다. 그러므로 무엇보다 부모와 가정은 '너는 소중한 아이란다'의 메시지로 자녀의 자아존중감을 지켜 주는 울타리여야 합니다.

## 자녀를 변화시키는 방법

칭찬은 고래도 춤추게 한다고 합니다. 누구든 칭찬을 들으면 기분이 좋고 가슴이 벅찹니다. 그래서 칭찬을 이용해 자녀의 행동을 교정하면 효과가 정말 좋습니다. 이를테면 자녀가 평소 인사를 잘하지 않아서 예의 바르게 인사하도록 가르치고 싶다고 합시다. 우리는 흔히 "너 왜 인사를 안 해? 아까도 인사 안 하더라" 하며 지적부터 합니다. 하지만 잘못을 지적하는 것으로는 자녀가 행동을 바꾸지 않습니다.

그럴 땐 이렇게 해 보세요. 만약 자녀가 엘리베이터에서 윗집 아줌마에게 인사를 하는 건지 안 하는 건지 모르게 슬쩍이라도 인사했다면, "아휴 우리 아들이 인사를 했네!" 하면서 엄지손가락을 추켜올리며 칭찬합니다. 그리고 집에 와서 남편에게 "여보, 오늘 우리 아들이 엘리베이터에서 윗집 아줌마한테 인사했어요" 하며 또 칭찬을 해줍니다. 그러다가 자녀가 또 다른 사람에게 인사하는 것을 봤다면, 이번엔 할머니한테까지 전화해서 "어머니, 우리 아들이 어제는 윗집 아줌마한테 인사하더니 오늘은 옆집 아저씨한테 인사를 했어요" 하고 자랑을 하는 겁니다. 그러면 아이가 인사하는 횟수가 점점 늘어납니다.

이처럼 칭찬을 할 때는 이미 잘하고 있는 것을 찾아서 구체적으로 표현해 주어야 합니다. 부모는 대체로 잘하는 것은 놔두고 안하는 것, 못하는 것만 지적하고 야단을 칩니다. 그러나 반대로 해 보십시오. 못하는 것은 모른 체하고 잘하는 것만 칭찬해 보십시오. 그러면 부모가 못마땅해 하던 아이의 습관과 행동도 바뀝니다.

어떤 집사님의 딸에게 눈을 끔뻑거리고 손톱을 물어뜯는 버릇이 있었습니다. 아무리 하지 말라고 해도 고칠 수 없었습니다. 그러다가 이 집사님은 칭찬으로 이 버릇을 고쳐야겠다 마음을 먹고는 딸이 손톱을 물어뜯고 눈을 끔뻑거려도 모른 척하고 넘어갔습니다. 대신 '사랑한다'고 자주 말해 주고 안아 주었습니다. 그러던 어느 날 딸이 10분 동안 손톱을 물어뜯지 않는 걸 발견했습니다. 그래서 "우리 딸, 아까부터 보니까 10분 동안이나 손톱을 물어뜯지 않더구나. 너 몰랐지?" 하고 말해 주었습니다. 그 일이 있고 난 후, 집사님의 딸은 손톱을 물어뜯으려고 손을 올리다가도 다시 내려놓곤 했습니다. 그러더니 어느 날은 30분을 물어뜯지 않게 되었습니다. 저녁에 아빠에게 "여보, 우리 딸이 오늘은 30분이나 손톱을 물어뜯지 않았어요"라고 큰소리로 말해 주었습니다. 딸은 점점 더 긴 시간 손톱을 물어뜯지 않게 되었고, 마침내 손톱을 깎아야 할 만큼 손톱이 자라게 되었습니다. 엄마가 손톱을 깎아 주며 "우리 딸 이제 손톱을 물어뜯지 않으니까, 이렇게 손톱이 자랐네. 너무 자랑스러워" 하니까 아이가 "엄마, 나도 한다면 해요" 하더랍니다. 그러고 나서 2주 후 아이의 버릇이 완전히 사라졌습니다. 적절하고 진심 어린 칭찬은 아이의 어떤 행동도 바꿀 수 있습니다.


## 교과서 대신 폭넓은 대화를 하라

'공부 잘하는 자녀'라는 주제로 인터넷을 찾아보면 많은 기사와 연구 결과가 있습니다. 공통적인 특징은 부모가 자녀에게 '공부해라, 공부해라' 하고 강요하지 않는다는 것입니다. 그보다는 '정직한 사람이 되어라, 남을 도와주는 사람이 되어라, 훌륭한 사람이 되어라'는 말을 많이 해준다고 합니다.

또한 평소 가정에서 공부 외에 여러 가지 주제를 가지고 폭 넓은 대화를 나누는 집에서 자녀가 자연스레 공부를 잘한다고 합니다. 예를 들면 이런 식입니다.

"아빠, 일본에 지진이 났대요."

"정말? 사람들은 안 다쳤대? 진도가 몇이래?"

"6.4도라고 하네요."

"그렇구나. 피해가 없었으면 좋겠네. 혹시 쓰나미는 안 일어났대?"

"안 났대요."

"쓰나미는 어떤 때는 일어나고 어떤 때는 안 일어나는구나. 대체 언제 일어나는 거지? 궁금하네."

교과서가 아니라 세상에서 일어나는 이슈를 가지고 부모와 폭넓은 대화를 나누는 것입니다. 함께 미래에 관한 책을 읽고 토론을 한다면 더욱 좋을 것입니다.

우리는 이미 학교에서의 높은 성적이 반드시 세상에서의 성공을 보증하지 않는다는 걸 잘 알고 있습니다. 그러면서도 왜 부모가 되면 그렇게 자녀의 공부에 욕심을 부리게 되는지 모르겠습니다.

우리 자녀에게 자신감을 심어 주십시오. 폭넓은 생각을 하게 하십시오. 사회적 이슈에 대해 관심을 갖게 하십시오. 애국심도 심어 주십시오. 어떻게 하나님께 쓰임 받는 삶을 살지에 대해 열린 대화를 나누십시오. 강요하지 마십시오. 열등감을 심어 주지 마십시오. 항상 격려하고 사랑을 표현해 주십시오. 그러면 공부도 잘하고, 자기 길을 스스로 찾아갈 것입니다.


## 책 읽는 자녀로 키워라

과거에 비해 지식과 정보를 쉽고 빠르게 얻을 수 있는 시대입니다. 누구나 PC, 스마트폰 등으로 인터넷에 접속하면 더 쉽게, 더 빨리, 더 많은 정보를 취할 수 있습니다. 그런 만큼 생각할 시간은 사라졌습니다. 깊은 사색은 없고 손가락으로 두드리는 검색만 있는 것입니다. 아마 앞으로는 이런 현상이 더 심해질지도 모릅니다. 그래서 미래 사회에는 얕고 많은 지식을 가진 사람보다 깊이 사고하는 사람이 세상을 이끌어 갈 것이라 생각합니다.

자녀에게 책을 읽을 수 있도록 해주세요. 토요일 오전, 또래끼리 몇 명이라도 모아서 독서 그룹을 만들어 보는 것은 어떨까요? 부모가 함께 모여 좋은 책을 선정해 봅시다. 얇은 책도 좋습니다. 책 읽기를 숙제로 내 주고 읽어 오면 좋겠지만, 모인 자리에서 같이 읽어도 무방합니다. 책의 한 챕터라도 함께 읽고, 읽은 내용을 가지고 친구들끼리 이야기를 나누면 좋습니다. 이때 다른 사람의 의견을 듣는 훈련과, 자기 생각을 말하는 훈련이 자연스럽게 이루어집니다.

그런 다음 "우리 지금까지 나온 좋은 생각을 글로 한번 써 볼까?" 하면서 짧게라도 자기 생각을 글로 표현하게 합니다. 모임이 끝나면 맛있는 음식으로 마무리합니다. 일주일에 한 시간만이라도 이런 시간을 가진다면 자녀의 사고력은 훈련하지 않은 아이들보다 월등히 뛰어나게 될 것입니다. 내가 먼저 시작해 보십시오. 책을 많이 읽고, 사고하고, 필력을 키우는 자녀는 반드시 뛰어난 리더가 될 것입니다.

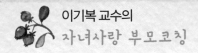

Q    초등학교 2학년 아들이 반장이 됐다고 했는데 알고 보니 거짓말이었
　　습니다. 어떻게 이야기해야 할지 모르겠습니다.

　　자녀 양육의 기본은 자녀의 마음을 헤아리는 것입니다. 아이의
심리를 이해하는 것이지요. 먼저 왜 거짓말을 하는지 마음의 동기를
살펴야 합니다. 거짓말할 수밖에 없는 상황에 서서 마음을 공감하면
서 교정해 주어야 근본적인 훈계가 될 수 있습니다.

　　**첫째, 흔히 5세 이상부터 6세 미만 어린 자녀는 소원과 바람
또는 공상을 사실처럼 꾸며서 말하기도 합니다.** 대부분 너무나 빤
한 거짓말이라서 쉽게 분간할 수 있습니다. 때로 거짓말하는 것이
귀엽습니다. 하지만 작은 거짓말이라도 속아 넘어가거나 재미있다
고 웃어 넘겨선 안 됩니다. 어른들이 작은 거짓말에 속는 것 같으면
자녀는 큰 거짓말을 배우게 됩니다. 거짓말이나 나쁜 버릇은 어렸을
때 바로잡아야 합니다. 이때 아이가 거짓말하는 동기를 살펴서 그
마음을 공감해 주어야 합니다. 그런 다음 "그래서 그렇게 말했구나.
네 마음은 알겠는데 그렇게 말하면 거짓말이야. 이제부터는 사실을
그대로 말해야 한다"고 말해 줍니다.

　　**둘째, 부모의 관심과 사랑을 끌기 위해 거짓말을 하기도 합**

니다. 엄마가 옆집 누구는 반장이 되었더라 하면서 의도하지 않게 비교하는 말을 하면, 자녀는 엄마한테 인정받기 위해 나도 반장이 되었다고 거짓말할 수 있습니다. 그런데 이때 엄마가 너무 기뻐하거나 다른 사람한테 자랑해 버리면 일이 심각해집니다. 이제는 거짓말을 유지하기 위해 또 다른 거짓말을 만들어 내야 하기 때문입니다. "네가 반장이 아니어도 엄마는 너를 사랑해" 하며 자녀의 거짓말을 치유하십시오. 그리고 진실을 말했을 때, 크게 인정해 주십시오. 자녀는 거짓말이 아니라 진실을 말할 때 엄마에게 인정받을 수 있다는 사실을 깨닫고 거짓말하지 않게 됩니다.

**셋째, 부모의 과잉기대 때문에 자녀가 거짓말로 둘러댈 수 있습니다.** 하루 종일 이 학원 저 학원 돌아다녀서 친구들과 놀 시간이 없으면, 아이는 배가 아프다고 둘러대며 학원을 빠질 궁리를 하게 됩니다. 부모가 성적에 너무 집착하면 성적표를 잃어버렸다고 거짓말할 수 있습니다. 자녀가 거짓말을 창조하지 않도록 부모의 기대치를 점검해 보십시오.

**넷째, 야단맞을까 봐 무서워서 얼떨결에 그 자리를 모면하려고 거짓말을 하게 됩니다.** 누구든지 궁지에 몰리면 자기를 방어합니다. 그러므로 몰아붙이지 말고 자녀가 편안한 마음으로 진실을 말할 수 있도록 기회와 여유를 주십시오. 그리고 진실을 말했을 때 "네가 사실을 말해 주어서 고맙다"고 인정해 주십시오.

**다섯째, 자녀가 거짓말을 했을 때 마치 큰 죄나 지은 것처럼**

**과민 반응하는 것 역시 좋지 않습니다.** 얼떨결에 거짓말을 했는데 엄마가 "너 어떻게 거짓말을 할 수 있니? 그러면 아주 나쁜 사람이야!" 하고 과민하게 반응하며 질책하면 자녀는 죄책감을 갖게 됩니다. 죄책감은 건강하지 못한 자아상을 만드는 원인입니다. 또는 "다시는 거짓말 않겠다고 약속해"라고 다그쳐서 약속을 받아 내지 마십시오. 아이는 약속을 지킬 능력이 없기 때문에 거짓말한 것을 반복적으로 들키면 '나는 나쁜 애구나'라고 잘못된 자아상을 갖게 됩니다. 진정한 훈계는 자녀가 실족하지 않도록 돕는 것입니다.

한편, 거짓말이나 나쁜 버릇을 고치려면 자녀가 잘한 일을 찾아서 칭찬해 주십시오. 다시 말해 부정적인 것을 고치기보다 긍정적인 것을 강화시키면 부정적인 것은 저절로 없어질 수 있습니다.

**여섯째, 엄마의 전반적인 자녀교육 태도를 점검해 보십시오.** 자녀를 있는 그대로 용납하는가, 비교하지 않는가, 과잉기대하지 않는가, 실수했을 때 야단치는가 등을 점검해야 합니다. 자녀는 아직 어립니다. 배우고 자라는 중입니다. 부모에게 사랑과 인정을 듬뿍 받으면 거짓말의 동기는 저절로 없어집니다.

Q 초등학교 5학년 외동아들이 또래에 비해 의기소침한 편입니다. 어릴 때부터 몸이 약해 늘 안아 키운 탓인 것 같습니다. 아들은 힘든 일이 있으면 엄마 아빠의 도움을 기다리며 아무것도 하지 않아요. 좀 더 적극적이고 자신감 있는 아이로 키우고 싶은데요. 다그쳐서 될 일도 아니고 걱정입니다.

늦은 감이 있지만, 이제라도 엄마가 아들에게 자신감과 독립심이 필요하다는 것을 인식하게 된 것이 다행입니다. 자신감과 독립심은 자녀가 성장하기 위해 반드시 배우고 획득해야만 하는 성품입니다. 만약 어미 독수리가 아기 독수리를 낭떠러지에서 과감하게 떨어뜨리며 훈련하지 않고 다칠까 봐 보호만 한다면 아기 독수리는 결국 날지도 못하는 무능한 새가 될 것입니다. 마찬가지로 과잉보호는 자녀를 나약하고 무능하게 만듭니다. 조금만 어려운 상황이 되어도 두려워하고 쉽게 포기하며 성인이 되어도 의존적인 사람이 되기 쉽습니다.

자녀교육의 종착역은 자녀를 독립시키는 것입니다. 그런데 독립이란 상호적인 것이라서 자녀가 독립하려면 부모 역시 자녀를 독립시키는 법을 배워야 합니다. 스스로 선택하고, 결정하며, 시도하고, 책임지는 법을 가르쳐야 합니다.

**첫째, 엄마가 먼저 내적으로 강해져야 합니다.** 원래 불안과 염려가 많은 부모가 자녀를 과잉보호합니다. 따라서 모든 염려와 걱정을 하나님께 맡기는 연습을 해야 합니다. 맥아더 장군은 "주여, 원

189

하옵나니 나의 자녀를 평탄하고 안이한 길로 인도하기보다는 고난과 도전에 직면하여 분투 항거할 줄 알도록 인도하여 주옵소서. 그리하여 폭풍우 속에서도 용감히 싸울 줄 알고 패자를 관용할 줄 알도록 가르쳐 주시옵소서"라고 기도했다고 합니다. 사랑하는 아들이 강한 사람이 되도록 지금부터라도 기도하며 훈련을 시작하기 바랍니다.

**둘째, 부모가 아들의 문제를 대신 해결해 주지 마십시오.** 자녀는 성장하면서 많은 상황과 문제를 만나게 됩니다. 그때마다 부모가 해결사가 되면, 자녀는 문제 해결 능력을 배우지 못합니다. '염려하지 마. 잘될 거야. 어떻게 하면 좋을까?' 하며 자녀 스스로 문제 해결 방법을 찾을 수 있도록 격려만 해주십시오. 그리고 스스로 해결했을 때 "우리 아들, 이제 다 컸구나. 네가 자랑스럽다"고 칭찬해 주십시오.

**셋째, 스스로 선택하고 결정하도록 기회를 제공하십시오.** "물 마셔라"보다는 "물 마실래? 아니면 무엇을 마시고 싶니?"라고 선택하는 질문을 하는 것이 좋습니다. 학원을 보낼 때도 엄마가 결정해서 보내지 말고, 무엇을 배우고 싶은지 먼저 묻고 도와주기만 하십시오. 공부나 숙제도 너무 많이 도와주면 해롭습니다. 조금 느려도 스스로 하게 하십시오. 삶의 모든 영역에서 자녀가 주도권과 결정권을 갖도록 도와주십시오.

## 11

# 사춘기,
# 말이 아닌
# 삶으로 가르치는 시기

공원에서 중학생으로 보이는 아이들 다섯 명이 담배 한 개비를 가지고 돌려 가며 피우고 있었습니다. 그 아이들을 보며 이런 저런 생각을 하다가 문득 내가 만일 저만한 시기로 돌아가서 친구들로부터 담배를 건네받았다면 과연 나는 "피우지 않겠다"고 말할 용기가 있을까 하는 생각이 들었습니다. 만일 그랬다면 나머지 친구들이 뭐라고 말할까요? 바보 취급 하며 놀리지 않을까요? 험한 말을 할 수도 있겠죠. 그 일로 영원히 친구들로부터 따돌림을 당할 수도 있습니다. 그만큼 사춘기 때 겪는 또래의 압력은 대단합니다. 친구의 말 한 마디로 세상을 다 얻기도, 다 잃기도 합니다.

영국의 어느 여학교에서 파티를 열었는데 모든 학생에게 콘돔을 나눠 줬다고 합니다. 이때 한 여학생이 나는 결혼 전까지 순결을 지키겠다고 얘기했다가 학교 전체에서 따돌림을 당했습니다. 그런데 이 여학생은 꿋꿋이 자신의 의견을 부끄러워하지 않았습니다. 그런 상황에서도 자신의 소신을 끝까지 지킨 이 학생의 용기를 정말 높이 사고 싶습니다. 그 나이에는 또래 집단에서 소외되는 일이 하늘이 꺼지는 것처럼 절망스런 일입니다. 그럼에도 여학생의 무엇이 그런 당당함을 견지하게 했을까요? 여학생의 용기는 바로 교훈, 책망, 바르게 함, 교육이 포괄적으로 담긴 하나님의 말씀이 아니었을까요?

> 그러나 너는 배우고 확신한 일에 거하라 너는 네가 누구에게서 배운 것을 알며 또 어려서부터 성경을 알았나니 성경은 능히 너로 하여금 그리스도 예수 안에 있는 믿음으로 말미암아 구원에 이르는 지혜가 있게 하느니라 모든 성경은 하나님의 감동으로 된 것으로 교훈과 책망과 바르게 함과 의로 교육하기에 유익하니 이는 하나님의 사람으로 온전하게 하며 모든 선한 일을 행할 능력을 갖추게 하려 함이라 딤후 3:14-17

## 성경공부 과외를 하자

지금은 마치 사사기 시대처럼 절대가치와 기준이 상실되고 각기 소견에 옳은 대로, 느껴지는 대로 사는 시대입니다. 우리 자녀들은 이러한 혼란스런 문화와 가치관 속에서 살아가야 합니다. 이런 때일수록 우리 자녀에게 하나님의 말씀을 가르쳐야 합니다. 특히 사춘기가 되면 또래 집단과 미디어의 영향이 막강해져서 그 전에 말씀 공부를 시켜야 합니다. 진리의 말씀으로 무장된 아이들은 사춘기를 훨씬 수월하게 지날 수 있거니와 자신의 영혼을 지킬 수 있습니다.

신명기 6장 6-7절에서도 여호와께서 "오늘 내가 네게 명하는 이 말씀을 너는 마음에 새기고 네 자녀에게 부지런히 가르치며 집에 앉았을 때에든지 길을 갈 때에든지 누워 있을 때에든지 일어날 때에든지 이 말씀을 강론할 것이며"라고 당부하십니다. 이는 이스라엘 백성이 광야를 건넌 후 살 세상에서 다른 신들을 따르지 않게 하기 위함이었습니다. 지금도 마찬가지입니다. 자녀가 세상으로 나가기 전에 말씀으로 무장시켜야 합니다.

그런데 아직 어린 자녀에게 성경은 어려울 수도 있습니다. 이것이 성경을 바르게 해석하고 이해하도록 공부시켜야 하는 이유입니다. 많은 부모들이 영어와 수학은 과외를 시키면서도 성경은 절실하게 가르치거나 공부시키지 않습니다. 그러나 자녀가 말씀의 사람이 되도록 가르쳐야 합니다. 하나님의 말씀을 마음판에 새겨 주어야 합니다. 그러기 위해 성경공부 과외라도 시켜야 합니다. 무엇보다 먼저 말씀을 먹이고 가르친다면, 그밖에 다른 모든 것은 걱정하지 않아도 됩니다. 하나님의 말씀이 자녀를 가장 올바른 길로 인도할 것이기 때문입니다.


## 자녀의 꽉 닫힌 방문을 여는 열쇠, 성인으로 인정해 주기

사춘기 자녀는 자신이 다 컸다고 생각합니다. 그런데 부모가 자신을 어린아이 취급을 하니 반항심이 더욱 커집니다. 제일 듣기 싫어하는 말이 "넌 몰라도 돼! 네 까짓 게 뭘 안다고 그러니? 너는 공부나 해" 같은 말입니다. 이런 말들의 공통점은 부모가 자녀를 성인으로 인정해 주지 않고 어린아이 취급한다는 것입니다. 사춘기 자녀를 어린애 취급하지 마세요. 부모 눈에는 아직 어려 보여도 성인과 같은 존중이 필요합니다.

자녀가 중학교에만 들어가도 "우리 딸(아들)이 이제 중학생이 되었네. 이제 어린애 취급하면 안 되겠다" 하면서 생일 파티를 특별하게 열어 줍니다. 그리고 실제로도 "요즘 아빠가 회사에서 명예퇴직을 권유받고 있는데, 고민이 많아. 네 생각은 어떠니?", "엄마가 허리가 아픈데 좀 도와줄래?" 하면서 사소한 집안일에도 의논하고 동참시킵니다. 가족 문제가 일어났을 때도 의견을 같이 풀어 나갑니다. 그러면 사춘기 자녀는 책임감을 느끼며 좀 더 어른스럽게 행동할 것입니다.

물론 이런 부모의 노력에도 자녀는 사춘기를 겪습니다. 사춘기는 성장 과정에서 건너야 할 강 같은 것입니다. 그러므로 부모는 사춘기 자녀를 보고 당황하거나 흔들리지 말고 '곧 지나간다'고 위안 삼으며 기다려야 합니다. 자녀가 아무리 심하게 흔들려도 부모는 안전벨트를 단단히 메고 자리를 꿋꿋하게 지켜야 합니다.

그리고 무엇보다 시시각각 감정의 기복이 심한 사춘기 자녀라도 소통해야 합니다. 대화만 열려 있으면 사춘기도 잘 통과할 수 있습니다.

"아빠, 오늘 친구들이 같이 담배 피우자고 해서, 거절하느라 힘들었어요."

"엄마, 친구들이 나를 따돌리는 것 같아요."

사춘기 자녀가 부모에게 이런 말을 털어놓을 수 있다면 아주 훌륭한 부모입니다. 평소 부모가 자녀의 이야기에 잘 경청하고 공감한 덕분에 자녀와 대화가 잘 통하고 있다는 뜻이기 때문입니다. 그러나 보통 사춘기 자녀는 엄마 아빠는 물론 형이나 동생과도 대화하지 않고 혼자 고민합니다.

그렇다면 자녀는 왜 대화의 문을 꼭꼭 걸어 잠근 걸까요? 아마도 처음부터 그렇지는 않았을 것입니다. 언젠가 나눴던 부모와의 대화에 그 이유가 있습니다.

어느 날 아들이 친구들과 야동을 보고 와서 아빠한테 이렇게 말했다고 합시다.

"아빠, 나 오늘 친구들이 이상한 동영상을 보여 줘서 봤는데 기분이 이상해요."

이때 아빠는 큰일 난 표정을 지어야 할까요? 아닙니다. "정말 그랬어? 그래서 너는 어떻게 했어? 기분이 어땠어? 근데 그런 거 보면 자꾸 생각날 텐데…" 하고 인정해 주면 됩니다. 그런데 많은 부모들은 다른 아이들은 다 야동을 봐도 내 아들만큼은 순진해서 절대 그런 것 보지 않을 것이라고 생각합니다. 그러다가 아들이 그런 이야기를 하면 정말 큰일이라도 난 것처럼 호들갑을 떨면서 "너 요즘 왜 그러니? 정말 실망이구나!" 합니다. 그러니 자녀는 자연스럽게 대화의 문을 잠그는 것입니다.

만약 자녀가 방문을 걸어 잠그고 우울감에 빠져 지낸다면, 부모의 눈을 피하고 자꾸 화를 낸다면 뭔가 말 못 할 마음속 이야기가 있다는 뜻으로 이해해야 합니다. 이때 억지로 문을 열게 해서 "너 엄마 아빠한테 불만 있니? 왜 자꾸 화를 내는 거야? 자꾸 그렇게 버릇없이 굴래? 지금이 어느 때인데 빈둥거리고 있니! 얼른 공부해!" 한다면 그날로 아이와 소통은 더욱 단절될 것입니다.

혹시 자녀가 어렵게 자기 이야기를 꺼내 놓았는데 "너는 별로 중요하지도 않은 걸로 고민을 하니?" 하고 무시한 적은 없습니까?

부모와 대화가 단절되어 있으면 자녀는 가장 급한 순간에 친구를 찾습니다. 학교 선배의 조언을 듣습니다. 부모와 대화의 길이 막힌 아이들은 또래 친구들에게 의존할 수밖에 없습니다. 그런데 친구나 선배는 바른 조언보다는 아직 미숙하고 때로 나쁜 조언을 줄 수도 있습니다. 그러다가 자녀가 잘못된 길로 빠질 수 있습니다. 사춘기 자녀를 키우는 부모는 마음의 문을 열고 자녀를 기다려 주어야 합니다. 자녀가 급하고 어려울 때 부모는 가장 먼저 SOS 신호를 받을 수 있는 핫라인이 되어 주어야 합니다.

## 충분한 사랑이 회복탄력성을 키운다

살다 보면 누구나 고난과 어려움을 만나고 스트레스에 시달리기도 합니다. 이때 어려움을 딛고 다시 일어설 수 있는 힘을 회복탄력성(Resiliency)이라고 합니다. 사춘기 자녀는 잠시 동안 방황하고 탈선을 하기도 합니다. 그러나 마음속에 이 회복탄력성이 있으면 결국 방황의 시기를 통과한 뒤 삶의 자리로 되돌아옵니다. 한번 좌절했을 때 일어나지 못하는 사람, 우울증에서 이겨 내는 힘이 없는 사람은 회복탄력성이 약하기 때문입니다.

그렇다면 어려움을 딛고 일어설 수 있는 이 힘은 언제 발달할까요? 바로 유아기를 비롯한 어린 시절에 형성됩니다. 이때 부모로부터 충분히 사랑받고 자란 자녀는 다시 일어날 수 있는 힘이 발달한다고 합니다. 또한 부부가 서로 믿고 사랑하며 겸손하고 진실하면 자녀는 이기는 힘을 갖출 수 있다고 합니다. 반면에, 부부가 서로 미워하며 부부싸움을 자주 하면, 자녀는 사춘기의 폭풍 속을 통과할 힘을 갖추지 못합니다.

자녀가 자신의 미래에 대해 희망적입니까? 위기 앞에서 오히려 돌진합니까, 포기해 버립니까? 자기 자신에 대해 긍정적입니까, 부정적입니까?

대부분의 사춘기 자녀에게는 열등감이 있습니다. '아무도 나를 안 좋아한다, 나는 쓸모없는 사람이다, 아무리 공부해도 잘하긴 글렀다, 나에겐 미래가 없다' 같은 자포자기를 느낍니다. 이때 우리가 해줄 말도 역시 '하나님은 너를 사랑하신다, 너를 향한 하나님의 계획이 있다, 공부는 못할 수도 있고 잘할 수도 있다, 두고 봐라 잘 될 거다, 네가 내 자녀여서 너무 행복하다'입니다.

사춘기 자녀에게 가장 필요하고 중요한 메시지는 '너는 소중하다'입니다. 아이가 믿든 말든 계속해서 이 메시지를 넣어 줘야 합니다. 겉으로는 듣지도, 믿지도 않는 것 같지만, 속으로는 그러한 부모의 사랑 표현이 자녀에게 지금의 어려운 사춘기를 통과할 수 있는 힘이 될 것입니다.

성적을 비관하는 자녀에게 "성적 안 떨어져 본 사람 있으면 나와 보라 그래. 실패 안 해 본 사람 있으면 나와 보라 그래. 약점 없는 사람이 있으면 나와 보라 그래. 지금이 다가 아니다. 인생을 길게 봐라" 하고 용기를 주십시오.


부모로서 제대로 살고 있는가

두란노 어머니학교를 진행하면서 어머니들에게 내주는 과제가 있습니다. 자녀들에게 '엄마 아빠의 고칠 점 세 가지'를 물어보라는 것입니다. 그러면 아직 어린아이들은 무조건 "우리 엄마 아빠 최고"라고 말합니다. 그러나 사춘기 자녀들은 "정말 말해도 돼요? 화 안 내실 거죠? 세 가지 갖고는 안 돼요" 합니다.

그러면서 꺼내 놓는 이야기들이 '엄마는 사치한다, 엄마는 시장 사람들을 무시하더라, 아빠는 다른 사람들한테는 친절하면서 엄마에게는 함부로 하더라, 엄마는 늘 돈, 돈 하면서 콩나물 하나 사더라도 값을 깎으려고 하더라, 엄마 아빠는 다른 사람 흉을 많이 보시더라' 하는 것들입니다.

당신의 자녀가 당신을 보고 있습니다. 자녀는 엄마, 아빠의 삶을 누구보다 가까운 곳에서 보고 판단합니다. 그런데 본이 안 되는 삶을 사는 부모가 아무리 자녀를 향해 옳은 이야기를 한들, 부모의 말을 듣고 싶겠습니까?

자녀의 잘못을 지적하기 전에 먼저 부모의 삶이 바뀌어야 합니다. 이웃을 비난하기 전에 먼저 말씀대로 살아가는 모습을 보여야 합니다. 돈, 돈 하기보다 어려운 이웃을 도울 수 있어야 합니다. 엄마 아빠가 진실하게 살아가는 모습을 보인다면, 자녀는 밖에서 아무리 거센 바람이 불어도 흔들리지 않습니다. 설령 한번 흔들렸다 해도 다시 돌아오게 되어 있습니다. 그러니 잠시 반항한다고 해서 조급해하지 마십시오. 여유를 가지고 기다리십시오.

무엇보다 자녀를 위해 기도해야 합니다. 부모의 기도 소리는 방황하는 사춘기 자녀를 다시 생명의 길로 인도합니다.

믿음으로 잘 자라던 한 남학생이 어느 날 친구들을 따라 좋지 않은 곳에 가게 됐습니다. 거기서 친구들은 술을 마시고 담배도 피웠습니다. 늘 공부만 하며 공부벌레 소리를 듣던 이 학생은 처음엔 너무 놀랐지만 시간이 지날수록 친구들과의 그런 시간이 너무 재밌어서 점점 빠져들었습니다. 함께 술도 마시고 담배도 피우면서 소위 비행청소년이 되었습니다.

그날도 술을 마시고 집에 들어와 잠을 자는데 문득 뜨거운 물이 얼굴에 떨어져서 눈을 떠 보니 엄마가 자기 머리맡에서 눈물을 흘리며 기도하고 있었습니다. 순간 엄마를 봐서라도 '내가 이러면 안 돼지' 했지만 친구들의 유혹을 이기지는 못했습니다. 그러다 입시를 맞았습니다. 수능시험을 봤는데 원하는 대학은 다 떨어지고 포항의 한동대학교에서 합격 소식을 듣게 되었습니다. 이 학생은 한동대학교가 고리타분한 곳이라 여겨서 안 가겠다고 난리를 쳤지만 부모는 묵묵히 기도하며 그를 기숙사에 들여보냈습니다.

신입생 오리엔테이션에서 선배들의 기타 찬양과 환영과 강사 목사님의 말씀을 들으며 지내는 동안, 문득 자신이 3일간이나 담배를 피우지 않고 지냈다는 걸 깨달았습니다. 그러다 부활절에는 대학 교회에서 거듭남과 함께 세례를 받았습니다. 세례받으면서 어머니의 뜨거운 눈물과 기도에 대해 간증했습니다. 그리고 방학 때 서울에 가도 어울리던 친구들의 유혹을 이길 수 있도록 기도해 달라고 했습니다.

　기도하지 않고 사춘기 자녀를 키울 수 없습니다. 혹시 반항하고 방황하더라도 '하나님이 너를 사랑하신다, 너를 향한 계획이 있으시다, 지금은 힘들어도 너는 잘될 것이다'라고 여전히 말해 주어야 합니다. 그러면 사춘기 자녀는 결국 부모 품으로 돌아오게 될 것입니다. 부모가 자기 자리를 지키며 기도의 끈을 놓지 않을 때 자녀는 영적 회복탄력성으로 하나님 품으로 돌아오게 될 것입니다.

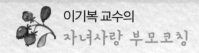
Q 고등학교 1학년 아들이 교회에 가는 것을 거부하면서 신앙을 강요하지 말라고 합니다. 어려서부터 믿음으로 키운다고 했는데, 몹시 당황스럽습니다.

부모의 신앙과 가치관을 별 의심 없이 따르던 자녀가 청소년이 되면 한 번쯤 부모의 신앙과 가치관에 대해 의문을 제기할 수 있습니다. 학교에서 배우는 진화론과 성경에서 가르치는 창조론이 대립되면서 의심과 갈등이 생길 수도 있고요. 그러나 의심을 통과한 믿음은 오히려 확실한 믿음이 될 수 있으니 긍정적으로 생각하십시오.

신앙이 흔들릴 때 믿음 없다고 야단치거나 정죄하면 안 됩니다. 오히려 참 신앙을 가질 수 있는 좋은 기회로 삼고 이렇게 이야기해 주어야 합니다.

"네가 신앙에 대해 깊이 생각할 때가 되었구나. 하나님이 네게 사고 능력을 주셨으니 하나님의 창조에 대해서도 공부해 보렴."

그리고 참고할 만한 좋은 책을 추천해 줍니다. 하나님의 창조와 진화론 사이에서 갈등하고 있다면 창조과학에 관한 좋은 서적이 많이 있습니다.

물론 여기에 중보기도는 필수입니다. 사탄은 언제든지 우리 자녀를 하나님과 분리시키려 획책한다는 사실을 잊지 마십시오. 미디어, 영화, 문화, 심지어 학교에서 배우는 여러 학문도 하나님을 부인하도록 자녀를 공격하고 있습니다.

그러나 청소년기에 의심을 뛰어넘어서 예수님의 사랑을 알고 경험하면 자아 정체성은 물론 인생의 비전과 사명까지 확립하게 됩니다. 이를 위해 열린 대화를 시도하고, 무엇보다 부모 스스로 진실한 신앙으로 모범을 보이며 기다리고 인내하십시오.

Q 중학생 아들이 방학 동안 밤늦게까지 친구들을 만나거나 컴퓨터 앞에 앉아 있느라 새벽녘에 잠들어서 오전 11~12시가 되어야 일어납니다. 아무리 잔소리를 해도 소용이 없습니다. 아들이 방학을 잘 보내게 하려면 어떻게 해야 할까요?

어제까지도 순종적이던 자녀가 갑자기 반항과 거친 행동을 할 때면 부모로서 당황스럽습니다. 방문을 걸어 잠그고 들어가서 자기만의 세계에 몰두할 때면 섭섭하고 답답하고 염려가 됩니다. 하지만 이때 부모는 자녀가 독립을 위한 성장과정에 있다고 생각하면서 너그러운 시선을 가져야 합니다.

많은 청소년들이 게임 중독과 술, 담배 등 세상의 유혹에 넘어가 잘못된 길로 빠지고 있습니다. 따라서 부모는 자녀가 바른 판단을 가지고 절제하며 바른 인간관계를 맺을 수 있을 때까지 기다려 주어야 합니다. 사춘기 자녀를 둔 부모가 해야 할 몇 가지 지침을 적어 봅니다.

**첫째, 자녀와 대화의 통로가 막히지 않도록 주의해야 합니다.** 자녀는 스트레스를 해소할 길이 없을 때 인터넷에 강박적으로 몰두하기도 합니다. 현실을 피해 가상의 공간으로 숨는 것입니다. 흔히 부모는 잔소리가 아니면 설교를 하려 드는데 먼저 자녀의 말을 경청하십시오. 하루 동안 학교에서 어떤 일이 있었는지, 속상한 일이 무엇인지, 문제를 어떻게 해결할 생각인지, 자녀의 생각, 마음, 결정 등을 경청하면서 격려와 위로를 해주십시오.

**둘째, 자녀에게 시간을 투자하십시오.** 특히 아빠가 사춘기 자녀와 단둘이 시간을 보내도록 하십시오. 자녀가 밤늦게까지 컴퓨터 게임이나 인터넷에 몰두할 때, 이를 가볍게 넘겨서는 안 됩니다. 아직은 정신적으로 병들지 않도록 부모의 개입이 가능한 때입니다. 자녀와 운동을 같이하거나 소풍을 나가거나 해서 육체와 정신이 건강해지도록 해야 합니다.

**셋째, 부모는 자녀의 컴퓨터 사용에 대해 세심한 관찰을 기울여야 합니다.** 컴퓨터를 가족이 공유하는 공간에 배치하는 것도 예방책이 될 수 있습니다. 부모는 자녀가 온라인에서 어떤 활동을 하는지 알아야 합니다. 온라인 게임에 몰두하지는 않는지, 음란물에 접속하고 있지는 않은지, 온라인상에서 낯선 사람들과 만나지는 않는지 살펴야 합니다. 일단 밤늦게까지 컴퓨터를 붙들고 있으면 여러 가지로 생활에 지장을 줍니다. 수면 부족으로 피곤이 누적되다 보니 건전한 친구와 사귐이 결여되고, 학업과 성적에도 지장을 주게 됩니다. 그렇다고 컴퓨터 사용을 무조건 금지하기보다는 건전한 정보 수집과 취미 활동을 위해 바르게 사용할 수 있도록 유도해야 합니다.

**넷째, 인격적으로 대해 주십시오.** 계절이 바뀌면 옷을 갈아입어야 하듯이 자녀가 성장하면 양육 방법도 달라져야 합니다. 사춘기 자녀를 양육하기 위한 가장 중요한 원칙은 자녀를 존중하는 것입니다. 자녀의 선택과 결정, 취미를 존중하고 자녀의 친구들도 인격적으로 대해 주십시오. 존중받는 자녀는 부모를 존중하게 됩니다.

**다섯째, 선택에 따른 책임감을 가르치십시오.** 자녀교육은 궁극적으로 자녀가 스스로 옳은 것을 선택하도록 훈련하는 것입니다. 어려서부터 스스로 선택하고 결정하는 훈련을 해야 합니다. 컴퓨터 문제도 스스로 해결하도록 도우십시오. "어떻게 하면 습관을 바꿀 수 있을까?"라고 질문하십시오.

**여섯째, 사랑의 표현을 계속 하십시오.** 사랑은 모든 병의 치료약입니다. 특히 성적이 떨어졌거나 실수했을 때 '사랑한다, 너는 천만금을 주어도 바꿀 수 없는 귀한 존재다, 너 때문에 행복하다' 같은 표현을 해주십시오. 사랑의 메시지로 혹시 있을지도 모를 자녀의 상처를 치유하십시오.

Q  딸이 중학교에 입학한 후 학교 가기를 정말 싫어합니다. 담임선생님도 딸애가 학교에서 엎드려 잠만 잔다고 걱정을 하십니다. 이유를 물어보면 그냥 학교도 싫고 선생님도 싫다고만 합니다. 어떻게 해야 할까요?

자녀양육의 가장 중요한 열쇠는 공감(Empathy)입니다. 공감이란 자녀의 눈높이에서 그들의 마음을 읽어 주고 이해하며 함께 느끼는 것입니다. 우는 자와 함께 울고, 기뻐하는 자와 함께 기뻐하는 능력이라고 할 수 있습니다.

자녀의 행동과 태도에는 반드시 원인이 있습니다. 중학생 딸이 왜 학교 가기를 싫어하는지, 왜 학교에서 엎드려 잠만 자는지, 왜 학교도 싫고 선생님도 싫다고 하는지 그 마음의 동기를 살펴야 합니다. 몇 가지 동기를 짐작해 본다면 다음과 같습니다.

**첫째, 능력 부족이 원인일 수 있습니다.** 중학교에 올라오니 학업의 수준이 어려워져 두려운 마음에 공부도 학교도 선생님도 다 싫은 것입니다. 또는 체력이 부족한 것일 수 있으니 건강도 확인해 보아야 합니다.

**둘째, 분노에 의한 반항심이 원인일 수 있습니다.** 분노에는 여러 가지 원인이 있는데, 부모가 자신을 사랑하지 않는다고 느끼거나, 다른 형제와 차별을 한다고 느낄 때, 노력한 것에 대해 칭찬하거나 인정하지 않을 때 등이 있습니다. 자녀가 분노할 만한 상황이 있지 않은지 살펴보십시오.

**셋째, 친구와의 관계가 원인일 수 있습니다.** 왕따를 당하고 있는 것은 아닌지, 친한 친구한테서 배신이나 거부를 당한 것은 아닌지 등을 살펴보아야 합니다. 사춘기 자녀에게 친구는 부모 이상으로 중요한 존재입니다. 또래 집단에서 관계의 문제가 생기면 학교 가기 싫은 건 당연합니다. 혹시 주위에 딸이 좋아하는 선배, 교회 선생님이 있는지 살펴서 그들에게 도움을 받는 것도 방법입니다.

**넷째, 학교 선생님과의 관계도 살펴보십시오.** 혹시 중학교에 들어와서 새로 만난 선생님이 자신을 좋아하지 않는다고 생각하는 것은 아닌지, 선생님과 어떤 일로 갈등하고 있지는 않은지 먼저 자녀의 말을 들어 보십시오.

**다섯째, 가정환경이 원인일 수 있습니다. 부부관계가 혹시 좋지 않은지 돌아보십시오.** 자녀는 부모가 싸우면 정서적으로 안정을 찾을 수 없습니다. 가정이 불안하면 학교생활에도 활기와 의욕을 잃게 됩니다.

사춘기 자녀는 대개 '내 마음을 알아주는 사람이 아무도 없다'고 생각합니다. "네가 요즘 힘든 일이 있나 보구나. 엄마에게 말해 줄 수 있겠니? 엄마가 너를 돕고 싶어" 하면서 자녀가 마음을 털어놓을 수 있도록 다가가고, 자녀가 말하면 '그랬구나, 힘들겠구나, 속상하겠다' 같은 말로 맞장구쳐 주며 경청해야 합니다.

Q  중학교 3학년 아들이 언젠가부터 성적이 떨어지고 우리와 말도 안 하고 눈길마저 피합니다. 몰래 아들 컴퓨터를 열어 봤더니 음란 사이트에 접속하는 것 같습니다. 어떻게 처신해야 할지 도와주세요.

---

자녀를 키우다 보면 놀랍고 당황스런 일이 한두 가지가 아닙니다. 그럴수록 마음의 안전벨트를 바짝 매고 자녀의 문제 행동에 대처해 나가야 합니다. 문제를 회피하거나 숨기거나 덮어 버려선 안됩니다. '저절로 좋아지겠지'라는 막연한 기대 역시 금물입니다.

가장 중요한 것은 아들과의 열린 대화입니다. 음란물 사이트에 접속하는 문제라면 엄마보다는 아빠가 더 적합하겠지만, 아빠가 불가능하다면 엄마도 무방합니다. 이때 비난이나 훈계로 아들에게 죄책감과 수치심을 주면 안 됩니다. 아들은 어쩌면 잘못인지 알면서도 자꾸 접속하는 자신에 대해 죄책감과 실패감을 느끼고 있을지도 모릅니다. 그런 아이에게 "음란 사이트는 아주 나쁜 것이다. 네가 어떻게 그런 사이트에 접속할 수 있니? 아빠는 네가 너무 실망스럽다" 같은 말을 하면 아이를 더 깊은 수렁에 빠뜨리게 됩니다.

먼저 "아빠도 솔직히 너무 놀랍고 당황스러웠단다. 그리고 네가 걱정이 된단다. 사실은 네가 성에 관심을 갖게 될 만큼 어른이 되었다는 것을 깜빡 잊고 있었구나" 하고 솔직한 심정을 털어놓으면서, "아빠가 너를 얼마나 사랑하는지 알지? 아빠 엄마는 너를 도와주고 싶단다. 너도 힘들지?" 하며 진심으로 도와주고 싶다는 마음을 전달

합니다. 그러면 아들은 "처음에는 호기심으로 시작했는데 이젠 끊을 수가 없어요. 나도 이런 짓을 반복하는 내가 싫어요. 이럴 때는 어떻게 해야 하나요?" 하며 도움을 요청하게 될 것입니다. 그러면 문제의 반은 해결된 셈입니다.

그런 다음, 성이란 원래 아름다운 것이고, 앞으로 만날 배우자, 사랑할 아내와 더 친밀해지기 위한 것이므로 순결하게 지켜야 한다고 알려 주세요. 그런 점에서 음란 사이트가 보여 주는 성이란 얼마나 왜곡된 것인지도 가르쳐 주세요. 그러고 나서 어떻게 하면 음란 사이트에 접속하지 않을 수 있는지 그 방법을 함께 모색해 봅니다. 아들 스스로 음란 사이트 차단 프로그램을 설치하자는 말이 나온다면 성공한 것입니다.

## 12

## 어느새 부모를 이해할
## 나이가 되어

딸이 사춘기 시절 얼굴에 여드름이 나서 고민하던 때
가 있습니다. 하루는 씩씩거리며 집에 들어오기에 무슨 일이냐고
물었더니 교회에 어떤 권사님이 지나가면서 "너, 여드름 났구나"
했다는 겁니다. 그저 지나가는 말이었을 텐데, 딸은 "누가 모른대?
여드름 난 것을 누가 모른대?" 하며 권사님이 밉다고 했습니다.

이 시기의 아이들은 모든 것에 고민을 사서 합니다. 키가 커서
고민, 작아서 고민, 눈이 커서 고민, 작아서 고민입니다. 자기 자신
을 있는 그대로 받아들이지 못합니다. 그래서 열등감, 우울감, 두려
움, 자신감 상실, 외로움, 자책, 분노와 같은 감정들이 소용돌이치
기도 합니다. 유독 외모에 대한 콤플렉스가 하늘을 찌릅니다. 지나
가는 말 한 마디가 어쩌면 일생 동안 상처가 되기도 합니다. 어떤

여학생이 생일 파티에 초청을 받아서 친구 집에 갔습니다. 들어가
는데 어떤 남학생이 "너는 못생겼으니까 들어오지 마"라고 장난치
며 그 아이를 놀렸습니다. 그 말 한 마디에 여학생은 마음을 닫아
버렸고, 줄곧 남자들과의 교제를 피했다고 합니다.

사춘기 자녀에게는 뜻 없는 말이라도 함부로 하면 안 됩니다. 자
녀든 조카든 누구에게든 지나가는 말로라도 '너는 키가 작구나, 오
빠는 얼굴이 하얀데 너는 까맣다, 너 요즘 살이 많이 쪘구나' 하는
말을 하면 안 됩니다. 대신 보기에 어떻든 '너 참 예쁘구나, 잘생겼
구나, 의젓하구나, 점점 더 예뻐지네' 하고 말해 줘야 합니다. 항상
용기를 주는 말을 해주어야 합니다.


## 누구를 모방하는가?

사춘기는 자아 정체성(Self-identity)이 확립되는 시기입니다. 이제
본격적으로 '나는 누구인가? 나는 어떤 사람이 될 것인가?'를 고민
하는 때가 바로 이때입니다.

이 시기에는 주로 다른 사람의 영향을 크게 받으며, 그들의 옷차
림이나 행동을 모방하기도 합니다. 그 대상이 친구나 아는 형, 언
니, 선배일 수도 있고, 연예인일 수도 있습니다. 그래서 연예인이
입은 옷과 신발, 액세서리를 따라 사고 심지어 그들의 말투와 동작
까지 따라 합니다. 똑같은 말이라도 부모가 하면 귓등으로도 듣지

않으면서 자기가 좋아하는 친구, 선배, 연예인이 하는 말은 팥으로 메주를 쑨다고 해도 믿습니다.

그렇다 보니 이때는 위험한 시기이기도 합니다. 옳고 그름의 분별없이 맹목적으로 다른 사람을 따라 하느라 몸과 마음을 해칠 수 있습니다. 최근 프랑스에서는 너무 바짝 마른 모델을 내세우면 벌금을 내야 한다는 법안이 통과되었는데, 이유인즉슨 어린 십대들이 그런 모델을 무조건 따라 하다가 거식증에 걸리는 등의 폐해가 잇따랐기 때문이라고 합니다.

따라서 사춘기 자녀에게 건강한 역할모델(Role-model)이 있으면 좋습니다. 부모는 '내 자녀가 지금 누구의 영향을 받고 있는가, 누구를 좋아하는가'에 대해 관심을 기울일 필요가 있습니다. 나는 고등학교 때《생의 한가운데》라는 책에 푹 빠져서 읽고 또 읽은 적이 있는데, 그 책의 저자와 번역자를 흉내 내는 삶을 살아 보려고 노력하곤 했습니다.

가끔 "저는 교수님처럼 되고 싶어요" 하는 여학생의 메일을 받곤합니다. 나를 역할모델로 삼고 있는 학생인 것입니다. 나는 그러한 청소년들의 메일에는 가능한 정성껏 답변을 써 줍니다. 왜냐하면 나의 말 한 마디가 그들에게 얼마나 큰 영향을 줄 수 있는지를 알기 때문입니다. 나는 "너는 앞으로 나보다 더 훌륭한 사람이 될 수 있다. 상담가가 되고 싶다면 이러저러한 공부를 하면 좋을 것이다. 그리고 성경을 많이 읽으렴" 하고 말해 줍니다.

더불어 자녀가 어떤 친구들과 어울리고 다니는지도 살펴야 합니다. 다행히 좋은 친구들과 어울린다면 격려하면 될 것이고, 만일 그렇지 않다면 집으로 불러서 건전하게 놀도록 이끌면 좋을 것입니다. 특히 남자아이들은 운동하면서 어울리게 하고, 여자아이들은 같은 취미를 배우면서 어울리게 하면 효과적입니다. 자녀의 친구가 마음에 들지 않는다고 "쟤는 이래서 마음에 안 들어, 얘도 마음에 안 들어"하며 쉽게 판단해선 안 됩니다.


## 멘토 만들어 주기

어떤 아버지가 중학생 아들이 학교 가기를 거부한다며 상담을 받기 위해 데려왔습니다. 아들과 단 둘이 얘기를 시작했습니다.

"왜 학교 가기 싫어?"

"시시해요. 재미없고, 재수 없어요."

그래서 성격검사 용지를 주면서 "이거 한번 해볼래?" 했더니 예상 외로 조용히 앉아서 열심히 했습니다. 검사 결과 외향성인 성격에 예술적 감각이 높은 아이였습니다. 그런 아들에게 아버지가 의사가 되라고 했으니 반항을 했던 것입니다.

어떻게 도와줄까 생각하다가 내가 아는 한동대학교 3학년 학생을 사무실로 불러서 부탁했습니다. 맛있는 것도 먹고 좋은 구경도 하면서 아이의 이야기를 들어 보라고 부탁했습니다. 내가 그 아이의 멘토로 지정해 준 학생은 디자인 전공생으로 스타일도 세련되고, 노랗게 물들인 머리에 귀고리도 하나 한 남학생이었습니다. 아이는 그 형을 보자마자 눈에 하트가 뿅뿅 그려지더군요.

둘은 시내에 나가 피자도 먹고 함께 농구를 하면서 즐거운 시간을 보냈습니다. 틈틈이 "야, 너 학교에 안 가면 어떡하니?" 하는 이야기도 나눴습니다. 그러다가 대학생 형이 "내가 지금 수업 들어가야 하는데 같이 가서 조용히 앉아서 들어 볼래?" 했습니다. 컴퓨터로 자동차 디자인하는 수업이었는데, 그 아이 눈에는 강의실에 앉아 있는 모든 형과 누나가 다 멋있어 보였을 것입니다.

형과 헤어져 돌아온 아이의 태도에 많은 변화가 일어났습니다. 그중에서 가장 큰 변화는 형이 다니는 한동대학교 산업디자인과에 들어가는 꿈과 목적이 생겼다는 것입니다. 이후 형이 전화해서 "공부 잘하고 있지? 네가 우리 학교 들어와서 후배가 되면 형도 좋겠다" 하며 관심을 가져 주었습니다. 아이는 지금도 꿈을 잃지 않고 노력하고 있습니다.


## 교회가 할 일

청소년기 자녀를 위한 교회학교 교사의 역할은 매우 중요합니다. 왜냐하면 청소년기에 예수님을 만나지 않으면, 오랫동안 방황하는 시간을 보내게 되기 때문입니다. 그래서 청소년 주일학교 교사는 사춘기 아이들을 이해하는 동시에 그들과 소통할 줄 아는 사람이어야 합니다. 아이들이 좋아하는 형, 누나, 친구, 선배, 멘토의 역할을 해주어야 하기 때문입니다.

교회학교 교사는 아이들에게 좋은 멘토가 되어 줌은 물론, 꿈과 비전을 심어 주어야 합니다. 청소년들은 선생님이 좋으면 예수님도 좋고, 선생님이 싫으면 예수님도 싫습니다. 교사들에게 말 한 마디라도 상처를 받으면 예수님을 떠날 수도 있기에, 교사의 역할이 매우 중요합니다.

멕시코의 작은 교회에 집회를 위해 갔을 때, 나는 그 교회가 청소년들을 대하는 마음을 보고 매우 감동을 받았습니다. 작은 교회라 당시 목회자가 없어서 2시간 거리의 신학교 교수님이 목회를 돕고 있었습니다.

새벽기도 집회에 나가 보니 20명가량이 앉아 있는데 그중에 10명이 중고등학생이었습니다. "이 아이들이 이 새벽에 웬일이에요?" 하고 물었더니 신학교 교수님이 방학을 맞아 2주간 리더십 훈련을 시키고 있다고 했습니다. 합숙하며 예배도 드리고 말씀도 보고 책 읽고 토론도 한다고 했습니다. 교수님이 어떻게 그 귀한 방학을 아이들을 위해 이렇게 할애하느냐고 대단하다고 했더니 그분이 이렇게 말했습니다.

"이 아이들의 얼굴을 하나하나 봐 두세요. 이름도 기억하시고요. 저는 나중에 세상을 변화시킬 이 아이들에게 시간을 투자하고 있습니다."

참으로 감동적이었습니다. 청소년 사역은 하나님이 매우 기뻐하시는 일입니다. 많은 수고와 시간과 돈이 들어가는 일이지만 교회가 반드시 해야 할 일입니다. 내게 사춘기 자녀가 있다면 아무리 멀어도 이 교회에 보내고 싶다고 생각했습니다. 부모가 안달이 나서 보내는 교회가 되어야 교회도 우리 자녀도 미래가 있습니다.

## 말씀으로 힘을 주는 부모

교회의 역할 못지않게 부모의 역할도 중요합니다. 특히 크리스천 부모가 청소년 자녀의 마음을 전혀 이해하지 못한다면, 아이들이 보기에 부모의 신앙이 거짓으로 보인다면, 자녀들은 예수님을 거부할 것입니다. 예수 믿는 부모라면 청소년 자녀가 방황할 때 말씀으로 이해하고 참고 기다려야 합니다. 때로는 하나님의 말씀으로 위로해 주어야 합니다. 자녀가 힘들어할 때, 다음 성경말씀 중 ○○에 자녀의 이름을 넣어서 모바일 메시지로 보내 주면 좋습니다.

> 옛적에 여호와께서 나에게 나타나사 내가 영원한 사랑으로 ○○를 사랑하기에 인자함으로 ○○를 이끌었다 하였노라 렘 31:3
> ○○가 내 눈에 보배롭고 존귀하며 내가 ○○를 사랑하였은즉 사 43:4

○○의 하나님 여호와가 ○○의 가운데에 계시니 그는 구원을 베푸실 전능자이시라 그가 ○○로 말미암아 기쁨을 이기지 못하시며 ○○를 잠잠히 사랑하시며 ○○로 말미암아 즐거이 부르며 기뻐하시리라 하리라 습 3:17

내가 ○○에게 말하기를 그들을 무서워하지 말라 두려워하지 말라 신 1:29

예수께서 나아와 ○○에게 손을 대시며 이르시되 일어나라 두려워하지 말라 하시니 마 17:7

사춘기 자녀는 두려움이 많습니다. 겉으로는 보이지 않아도 속으로는 많은 불안과 두려움을 겪고 있습니다. 낮은 자존감과 열등감에 시달립니다. 그럴 때 "너는 보배롭고 존귀한 존재란다. 하나님이 너를 존귀하고 보배롭게 만들었어", "두려워하지 말아라, 사랑하는 딸(아들)아. 하나님이 함께해 주실 거야" 하는 말들을 계속해서 해줘야 합니다.

내가 결코 ○○를 버리지 아니하고 ○○를 떠나지 아니하리라 하셨느니라 히 13:5

○○에게 능력 주시는 자 안에서 ○○가 모든 것을 할 수 있느
니라 빌 4:13

아침에 자녀가 힘겹게 학교로 향할 때 머리나 어깨, 또는 손을
붙잡고 따스한 기도를 해주세요. "너는 무엇이든 될 수 있어", "네가
꾸는 꿈 다 이룰 수 있어", "지금 너의 모습을 보면서 실망하지 마",
"하나님이 너를 도와주실 거야", "하나님은 너를 사랑해" 하고 이야
기해 주십시오. 청소년들에게 이러한 복음의 메시지가 절대적인
위로가 될 것입니다.

## 부모의 연약함을 나누라

내 딸이 고등학생이었을 때 나에게 온갖 투정과 짜증을 부렸습
니다. 공부 스트레스가 많을 때니까 다 받아 주다가 어느 날은 내
마음을 털어놓았습니다.

"엄마도 힘들어. 요즘 엄마도 우울하고 무력감을 느껴. 너무 그
러지 마."

그날 일을 딸이 글짓기로 쓴 적이 있습니다. 이런 내용이었습니다.

"우리 엄마는 슈퍼우먼인 줄 알았는데 엄마도 힘들 수 있구나.
엄마도 내가 도와줘야 할 사람이구나."

때로는 청소년 자녀에게 엄마 아빠도 연약한 존재라는 사실을

알려 줄 필요가 있습니다. 그러면 오히려 부모가 더 가깝게 느껴질 수 있습니다.

어느 아버지가 명예퇴직 후 퇴직금을 잘못 투자했다가 전부 잃었습니다. 설상가상 빚까지 얻어 집을 팔고 이사해야 했습니다. 고민하던 아버지가 고등학생인 두 아들을 밖으로 불러 현재 상황을 설명하고 솔직한 심정을 고백했습니다.

"너희에게 중요한 시기인데 아빠가 기도도 하지 않고 퇴직금을 잘못 투자해서 돈을 다 날리고 집까지 이사해야 하는구나. 정말 미안하다. 내가 다시 일해서 재기할 테니 조금만 참고 기다려 다오."

그러자 철없던 두 아들이 아버지가 혹여 낙심할까 조심하면서 서로 상의하더니, 큰아들은 학원을 그만두었고 작은 아들은 아르바이트 자리를 알아보더랍니다. 아버지는 비록 몇 억을 잃었지만, 이 일을 계기로 두 아들을 얻었다면서 기뻐했습니다.

이처럼 사춘기 자녀에게 부모의 약함과 심경을 솔직하게 털어놓을 때, 철없는 줄로만 알았던 자녀가 오히려 가족의 책임을 나눠 지려고 합니다. 자녀는 부모가 자신을 어른으로 대우해 준다고 여길 때 책임감을 느끼고 부모를 배려합니다. 사실 우리가 자녀를 애 취급해서 그렇지, 청소년 자녀는 이미 부모로부터 독립을 꿈꾸고 그럴 능력도 있습니다. 부모가 그렇게 인격적으로 자녀를 대우해 주면 사춘기의 반항이 오히려 줄어들 것입니다.

요즘엔 20대인 대학생들도 전공이나 진로와 관련해 고민을 많이 합니다. 대학생 자녀도 사춘기처럼 아직 자아 정체성을 찾아 가는 시기인 것입니다. 때로는 전공이 적성에 맞지 않아 과를 옮기거나 편입을 하기도 합니다. 때로는 휴학을 하고 생각할 시간을 갖겠다고 합니다. 그럴 때 부모로서 어떻게 반응하겠습니까? 교회에서 제자훈련을 하고, 단기 선교여행을 떠나고, 아르바이트를 해 보는 시간이 아깝게 버려지는 시간일까요? 이 시간은 자녀가 자기의 길을 찾아가는 몸부림이며 과정입니다. 이때 부모는 자녀의 마음을 공감하며 어렵겠지만 격려해 주어야 합니다. 그 과정에서 자녀가 자기를 향한 하나님의 계획을 발견한다면 그보다 값진 시간이 없습니다.

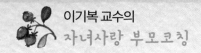

이기복 교수의
자녀사랑 부모코칭

Q 대학 2학년, 고등학교 1학년 딸을 둔 엄마입니다. 두 딸 모두 마음이
여리고 착하다는 말을 많이 듣습니다. 그런데 요즘 들어 작은딸이 언
니는 날씬한데 자기는 살이 쪘다며 밥을 잘 먹지 않으려 합니다. 또 맨
날 거울을 들여다 보며 자신이 못생겼다고 우울해 합니다. 언니도, 저
도 작은딸에게 괜찮다고 얘기해도 소용이 없습니다. 어떻게 하면 좋을
까요?

청소년기는 자아 정체감이 형성되는 중요한 시기입니다. 나는
누구인가, 나는 어떤 사람인가를 찾아가는 시기입니다. 이 시기 아
이들은 외모에 관심이 많습니다. 아들도 물론 그렇지만, 특히 딸은
'나는 예쁜가, 아니면 못생겼는가'를 두고 심각하게 고민합니다.

그래서 이 시기 아이들은 타인의 시선에 민감하고, 외모에 지나
치게 신경을 씁니다. 연예인처럼 되고 싶어 성형수술을 하겠다고 떼
쓰는 아이들이 상당히 많습니다. 또한 20세 전후에 섭식장애를 겪는
아이들이 점점 늘어나고 있다고 합니다. 섭식장애에는 거식증과 폭
식증이 있는데, 심하면 생리가 멈추고 경우에 따라서는 생명이 위태
할 수도 있습니다.

연구 조사에 의하면, 거식증을 보이는 소녀들에게서 발견되는
공통점이 있는데, 바로 착한 아이, 말 잘 듣는 아이, 자기주장을 못

223

하는 아이라는 것입니다. 그리고 그들 엄마의 특징은 과잉보호를 하는 경향이 있고, 자녀를 향한 기대감이 높으며, 완벽함을 요구한다고 합니다. 또한 평소에 살찐다고 그만 먹으라는 말을 많이 듣는다고 합니다.

지금은 아니지만, 앞으로라도 자녀가 성형수술을 하겠다고 고집을 부리거나 섭식장애 증세가 나타나게 될 경우를 예방하는 차원에서 몇 가지 유의 사항을 알아보고자 합니다.

**첫째, 평소에 외모로 사람을 평가하지 마십시오.** 행여나 누구에게도 '못생겼다'는 말을 하지 마세요. 만약 자녀가 지나가는 여학생에게라도 못생겼다고 한다면, 오히려 부모는 외모를 보고 사람을 평가하면 안 된다고 말해 주세요. 미디어에서 은근히 외모지상주의를 강조하면, 진정한 아름다움은 외모가 아니라 내면이고, 사람은 존재 자체가 존귀하고 아름다운 것이라고 가르치십시오.

**둘째, 어릴 때부터 '우리 딸, 귀하고, 예쁘고, 매력적이다'라는 말을 자주 해주십시오.** 특히 아빠가 '우리 딸 예쁘다'고 자주 말해 주고 표현해 주면 좋습니다. 남성인 아빠에게서 예쁘다는 소리를 들으면 딸은 자긍심을 갖게 됩니다.

**셋째, 성형수술을 하겠다고 하면 이렇게 말해 보십시오.** "성형수술에도 유행이 있단다. 그리고 기술도 자꾸 발전한단다. 지금 유행하는 얼굴 유형이 나중에는 미인형이 아니게 되는 경우가 많단다. 그때 가서 땅을 치고 후회해도 소용이 없다. 그러니 네가 더 큰

후에 결정하자"라고 일단 미루십시오.

　무엇보다도 어릴 때부터 평소 '예쁘다, 귀하다, 사랑한다'라는 메시지를 계속 심어 주세요. 부모 자신이 외모 지상주의 가치를 버리십시오. 세상의 잘못된 가치관이 우리 자녀를 흔들기 전에 성경적 가치관, 참된 자아 정체성, 성경적 자존감을 확실하게 심어 주십시오.

# Part 4

# 사랑해 주지 못해 미안해

엄마 아빠의
상처 해결법

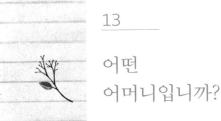

## 13

## 어떤
## 어머니입니까?

　　'어머니' 하면 어떤 생각이 납니까? 따스하고 의지하
고 안기고 싶은 마음이 드나요? 나는 어머니 하면 부드러운 살, 엄
마의 젖가슴의 촉감이 아직도 느껴집니다. 아마도 내 어머니는 모
유를 많이 먹였던 것 같습니다. 그럴 때마다 나는 우리에게 어머니
라는 이름을 주신 하나님께 얼마나 감사한지 모르겠습니다.

　어린 시절, 수수깡을 가지고 놀다가 손이 베인 적이 있습니다.
내 곁엔 언니, 오빠가 있었는데 피가 흐르는 손을 들고 오로지 엄
마를 애타게 찾았습니다. 마침 집에 엄마가 없었고, 저는 점점 더욱
심하게 울기 시작했습니다. 그렇게 울면서 간절하게 찾던 엄마를
동네 골목 어귀에서 만나고는 더 서럽게 울었습니다. 엄마는 내 손
가락에 고인 피를 보고는 '호' 하고 입김을 불어 줬습니다. 그러자

이상하게도 아프지 않아서 울음을 그쳤습니다.

아이들은 아프거나 다치면 엄마를 찾습니다. 그럴 땐 아빠보다도 엄마입니다. 머리가 아프고 열이 나도 엄마가 만져 주면 좋습니다. 나는 어릴 때 감기라도 앓고 나면 열도 내리고 아픈 것도 나았는데 엄마가 만져 주는 것이 좋아서 꾀병을 부리곤 했습니다.

말도 안 듣고 못되게 굴던 딸도 시집가서 아기를 낳을 때면 친정 엄마부터 찾습니다. 아기 낳고 기진맥진했을 때 내 손을 잡아 주는 엄마의 손을 잊지 못합니다. 까칠하고 투박하지만 따뜻한 엄마의 손은 언제까지나 약손입니다.

지금 내 자녀에게 나는 어떤 엄마입니까? 아프면 약 먹고 학원 가라고 하는 엄마는 아닙니까? 자녀가 집에 들어올 때 혹시 지쳐 있지는 않은지 살핍니까? 아니면 무관심하게 집에 돌아온 자녀의 등을 떠밀며 공부하라고 재촉하지는 않습니까?


## 행복한 엄마가 자녀에게도 행복을 준다

예전의 어머니들이 흔히 "아버지 사랑 못 받은 사람이 남편 사랑도 못 받는다. 남편 사랑 못 받은 사람이 자식 사랑도 못 받는다"고 말하는 것을 들었습니다. 아버지, 남편으로부터 사랑을 많이 받은 엄마가 자녀에게도 사랑과 공경을 받을 수 있다는 말입니다. 아버지 사랑을 많이 받고 자란 딸은 자존감이 높습니다. 그러니 남편도 함부로 하지 못합니다. 또 남편의 사랑을 받는 엄마를 자식이 함부로 하지 못합니다. 그러나 반대로 부모에게서 무시당한 딸은 자존감이 낮아서 결혼해서도 남편의 무시를 받기 쉽습니다. 남편의 무시를 받는 엄마를 자식이 존중할 리 없습니다.

과거 우리나라에는 '남존여비' 사상이 심했습니다. 불과 100년 전만 해도 이 땅의 여성은 공부를 할 기회조차도 없었고, 제대로 된 자기 이름도 가질 수 없었습니다. 그뿐입니까? 아들이 태어나면 동네잔치를 했지만 딸이 태어나면 엄마들이 죄인처럼 숨을 죽이곤 했습니다. 그러던 우리나라에 예수님의 복음이 들어와서 여성들의 존재가 지금처럼 회복되었습니다. 얼마나 감사한지 모릅니다.

당신은 어머니이기 전에 어떤 여성입니까? 어릴 때 어떤 소리를 들으며 성장했습니까? 당신은 스스로 행복한 여성입니까? 자신이 소중한 존재라는 것을 분명히 믿고 있습니까? 아니라면 혹시 내 안에 열등감이나 분노 등의 왜곡된 자아상이 있지는 않습니까?

좋은 어머니가 되려면 먼저 행복한 사람이어야 합니다. 자아상이 회복되어야 합니다. 그러한 회복을 위해서는 무엇보다 예수님을 깊이 만나야 합니다. 그래야 엄마로서 자신이 소중하다는 것을 깨닫고, 그 사랑으로 자녀에게 건강한 자아상을 심어 주는 행복한 엄마가 될 수 있습니다.

## 우물가의 여인 이야기

요한복음 4장에는 한 여인이 나옵니다. 그녀는 피곤한 인생살이에 잔뜩 지쳐 보입니다. 물을 길러 왔지만 공허하고 소망이 없는 여인입니다. 예수님은 그 여인 속에서 존재의 목마름을 보셨습니다. 그녀는 남편이 다섯 명이라고 했습니다. 다섯 남자에게 버림을 받은 것인지, 남편들이 다 죽어 그 형제와 결혼을 하다 보니 그렇게 된 것인지는 모르겠지만, 어쨌든 그녀의 삶이 얼마나 고단했는지 느껴집니다.

당시 관습에 의하면 여자와 아내는 아무런 법적 권리가 없었습니다. 남편은 아내를 얼마든지 버릴 수 있었고, 여자는 남편이든 아버지든 아들이든 남자가 있어야 먹고 살 수 있었습니다. 그런 사회에서 남편이 다섯이나 되었으니, 이 여인의 삶이 얼마나 고달팠겠습니까? 자기가치감이 전혀 없었을 것입니다. 자랄 때 아버지의 사랑을 받고 자랐을까요? 그렇지 않았을 것입니다. 아버지의 사랑을 받고 자란 여자였다면, 그래서 자신을 보호해 줄 아버지가 있었다면, 남자들한테 이런 취급을 받지 않았을 것입니다.

그런데 남자요, 유대인이요, 더구나 랍비인 예수님이 이 여인과 대화를 나누십니다. 당시에는 남편조차도 길에서 아내를 만나면 대화하지 않았습니다. 그러니 여자와 신학적인 이야기를 나누는 것은 랍비로서 수치스런 일이었습니다. 그런데 예수님은 우물가에 나온 여인에게 지극히 존중하는 태도로 대화를 요청하셨습니다. 그분은 여인의 존재 속에 인생의 목마름을 보셨고, 그러한 여인에게 영원히 목마르지 않는 물을 주겠다고 약속하셨습니다.

여인은 자신을 하나의 인격체로서 존중하는 남자를 처음 만났습니다. 그와의 대화를 통해 문득 삶에서 오랫동안 잃어버렸던 예배가 떠올랐습니다. 그리고 '예배를 예루살렘에서 해야 하는가, 아니면 그리심 산에서 해야 하는가'라고 제법 신학적인 질문을 했습니다. 예수님은 예배는 장소의 문제가 아니며, 인생의 한 가운데, 내가 처한 그 자리에서 신령과 진정으로 드리는 것이 예배라고 말씀해 주십니다. 그리고 예수님 자신이 바로 너희가 그토록 기다리는 메시아라고 하셨습니다.

여인은 물동이를 버려두고 마을로 내려가서 담대히 예수님을 전했습니다.

> 여자가 물동이를 버려 두고 동네로 들어가서 사람들에게 이르되 내가 행한 모든 일을 내게 말한 사람을 와서 보라 이는 그리스도가 아니냐 하니 요 4:28-29

이 일을 계기로 여인은 자신을 찾았습니다. 자기 인생을 향하신 하나님의 목적, 은사, 의미를 발견했습니다. 예수님을 만나 자아가 회복되자 여인에겐 더 이상 공허감이나 목마름이 없습니다. 자신의 결핍을 남편이나 자녀에게서 채우려고 하지도 않았습니다. 내 안의 결핍은 예수님으로 채워야 어머니의 역할도 넉넉히 잘할 수 있습니다. 내 잔이 넘쳐야 자식에게 흘려보낼 수 있습니다.

그래서 주님만이 나의 소망이요, 내 목마름을 해결해 줄 수 있는 분이라는 사실을 깨달은 사람은 자식에게 집착하지 않습니다. 건강한 사랑을 할 수 있습니다. 내가 행복하지 못하면서 자식이 나를 행복하게 해주기를 바라는 것은 있을 수 없습니다. 자녀에게서 행복을 채우려고 하지 마십시오. 자녀에게 나를 행복하게 해 달라고 요구하지 마십시오. "나는 너를 위해서만 산다", "너만 바라보고 산다"라고 하지 마십시오. 행복한 엄마는 행복한 자녀를 키우고, 당당한 엄마는 당당한 자녀를 키웁니다.


## 잠언 31장의 어머니

잠언 31장에는 지혜로운 여인이 나옵니다. 나는 이 여인을 유능한 '가정경영인'이라고 소개하고 싶습니다. 집안의 대소사를 잘 다스렸을 뿐 아니라 가정경제도 잘 운영했습니다. 더구나 번 돈으로 궁핍한 자들을 돕고 구제에 힘썼습니다. 자기만 잘 먹고 잘살지 않고 이웃까지 돌아보는 여인이었던 것입니다.

이 여인에게서 주목할 점은 "능력과 존귀(Strength and dignity)로 옷을 삼고"(잠 31:25)라는 부분입니다. 그녀는 집안 사람들에게 홍색 옷을 입혔을 뿐 아니라 자기를 위해서도 세마포 옷을 지었습니다.

당시 사회에서 이 여인이 고등교육을 받았을 리 만무합니다. 이 여인의 능력과 존귀함은 '하나님을 경외하는 여자'라는 정체성에서 나옵니다. 남편과 자식들에게 어머니는 능력 있는 존귀한 여인이었습니다. 자식과 남편에게 소망을 두는 것이 아니라, 오직 하나님께 소망을 두고 살았기에 당당하고 아름다운 어머니였습니다. 자식들과 남편은 아내를 이렇게 칭찬합니다.

> 그의 자식들은 일어나 감사하며 그의 남편은 칭찬하기를 덕행 있는 여자가 많으나 그대는 모든 여자보다 뛰어나다 하느니라 잠 31:28-29

나의 시어머니가 생각납니다. 시어머니는 열일곱에 시집가서 열아홉에 남편을 낳았습니다. 당연히 고등교육을 받지 못했죠. 하지만 잠언의 현숙한 여인처럼 시아버지를 도와 양복점을 운영하면서 새벽부터 부지런히 움직이며 가정을 경영했습니다. 입만 열면 믿음의 말씀을 하며 하나님을 경외하는 여인이었습니다. 아침마다 자녀들을 향한 기도를 빼놓지 않았습니다. 여덟 남매를 키우다 보니 얼마나 많은 사연이 있었겠냐만 어머니는 "괜찮다. 염려하지 마라. 내가 기도하고 있다" 하면서 자식들에게 믿음을 전수했습니다. 여덟 남매를 키우느라 오래전에 중풍을 얻어 오른쪽이 마비되었지만 돌아가시는 순간까지 힘들다고 불평 한 마디 한 적이 없습니다.

시어머니가 돌아가시고 나서 보니 성경 필사본이 6권 반이었습니다. 오른손이 자유롭지 못해 왼손으로 쓰셨는데, 여덟 남매에게 한 권씩 주려던 것을 마저 완성하지 못하고 돌아가신 것입니다. 영정 사진 곁에 삐뚤삐뚤 필사한 성경노트가 놓였습니다. 감동스런 인생이었습니다. 여덟 자녀는 물론 그들의 배우자와 손주까지 30명 이상 되는 가족이 모두 "할머니, 존경합니다. 어머니, 존경합니다" 하고 입을 모았습니다.

> 고운 것도 거짓되고 아름다운 것도 헛되나 오직 여호와를 경외하는 여자는 칭찬을 받을 것이라 그 손의 열매가 그에게로 돌아갈 것이요 그 행한 일로 말미암아 성문에서 칭찬을 받으리라 잠 31:30-31

잠언의 여인은 "여호와를 경외하는 여자"였습니다. 후일을 웃으며 입을 열어 지혜를 베풀며 그 혀로 인애의 법을 말하는 이 여인의 힘은 오직 여호와께 소망을 두는 것이었습니다. 이와 같이 오직 믿음으로 사는 어머니는 이 여인처럼 안에서도 밖에서도 칭찬을 듣는 인생이 될 것입니다. 그런 어머니에게서 자란 자녀 역시 능력과 존귀와 믿음의 사람이 될 것입니다.

## 돕는 배필이 되어라

성경은 아내에게 남편의 돕는 배필이 되라고 했습니다. 돕는 배필이라고 하면 왠지 부차적인 역할로 이해되지만, 원래 '돕는다'는 말의 원어는 강력한 의미를 지니고 있습니다. 부족해서 돕는 것이 아니라, 오히려 도울 수 있는 능력과 지혜가 있기 때문에 돕는 것입니다. 의사가 환자를 도울 수 있고, 강한 자가 약한 자를 도울 수 있는 것이지요. 그래서 남편을 돕는다는 것은 오히려 남편에게 힘과 능력과 도움을 주는 아내라는 것을 의미합니다.

아내들이여 자기 남편에게 복종하기를 주께 하듯 하라 엡 5:22

아내들아 이와 같이 자기 남편에게 순종하라 벧전 3:1

또한 성경은 아내들에게 남편에게 순종하라고 요구합니다. 남편에게 순종하라니까 성경도 남존여비를 주장한다고 오해하는데, 이는 순종을 잘못 이해한 것입니다. 이 말씀에서 순종은 하나님이신 예수님이 자신을 기꺼이 낮춰 하나님께 순종한 것과 같은 의미입니다. 내가 모자라고 비천해서 순종하는 것이 아닙니다. 예수님처럼 겸손하고 온유해서 순종하는 것입니다.

이러한 순종은 억지로 하는 게 아니라 마음에서 우러나와서 하는 것입니다. 하나님께 소망을 둔 사람은 순종할 수 있습니다. 엄마가 아빠에게 순종을 실천하는 가정은 자녀가 부모에게 순종합니다. 가정에 순종의 영이 흐르기 때문입니다. 부모에게 순종하는 자녀는 땅에서도 잘되고 장수한다고 약속되어 있습니다(엡 6:1-3). 또한 순종하면 남편이 변합니다. 이것이 순종의 원리입니다.

또한 성경은 "남편에게 복종하기를 주께 하듯 하라"(엡 5:22)고 합니다. 남편을 높이고 세워 주라는 뜻입니다. 자녀 앞에서도 "아빠에게 그렇게 버릇없이 행동하면 안 된다. 아빠는 우리 집에 가장으로서 수고하고 애쓰는 분이다. 그러니 너희보다 아빠가 우선이다"라고 남편을 세워 주면 가정에는 질서가 생깁니다. 그러한 어머니는 자녀에게도 존경을 받습니다. 다시 한 번 강조하지만 순종은 부족하거나 모자라서 하는 것이 아니라, 오히려 성숙한 믿음의 어머니이기 때문에 가능한 것입니다.

당신은 어떤 어머니입니까? 어떤 어머니로 기억되고 싶습니까? 하나님께 소망을 둔 여인은 주님 말씀에 순종하기 때문에 돕는 배필의 사명을 잘 감당합니다. 잠언의 현숙한 여인처럼 능력과 존귀로 옷 입고 자녀와 남편에게 칭찬받는 엄마로 기억될 것입니다.

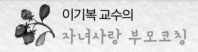

이기복 교수의
자녀사랑 부모코칭

Q 곧 출산을 앞두고 있는 직장 여성입니다. 출산 후에 직장을 그만두고 양육에 전념해야 할지 고민이 됩니다. 사실 저는 제 일이 좋습니다. 이 일을 포기하고 싶지 않습니다.

요즘 젊은 엄마들은 자아 성취를 위해 직장을 포기하고 싶어 하지 않습니다. 하지만 엄마로서의 특권과 기쁨은 놓치고 있는 게 아닌지 돌아볼 일입니다.

자녀가 어릴 때는 엄마의 존재와 손길이 절대적으로 필요합니다. 어린 자녀에게 안정감과 신뢰감을 넣어 주어야 결핍 없이 힘차게 성장할 수 있습니다. 그러나 이 시기에 엄마가 함께해 주지 못한다면 평생 후회할 일이 될 수 있습니다.

당장 먹고살 일이 문제라면 어쩔 수 없지만, 그게 아니라면 직장생활을 계속하는 것에 대해 다시 생각해 보길 권합니다. 엄마라는 역할도 전문직이라는 사실을 잊지 마십시오. 자긍심과 당당함을 가지고 엄마의 사명을 택하는 가정이 많았으면 좋겠습니다.

인생은 짧고 시간은 화살같이 흘러갑니다. 자녀 또한 세월을 기다려 주지 않습니다. 그래서 자녀와 함께 보내는 시간이 더 소중합니다.

자녀와의 시간을 즐기십시오. 인생에 다시 없을 행복한 순간들을 놓치지 마십시오.

## 14

# 어떤
# 아버지입니까?

아버지, 그 이름이 우리에게 얼마나 위대한지, 동시에
얼마나 큰 상처인지요. 아버지, 사랑받을 줄도 모르고, 사랑할 줄도
몰랐던 당신이었습니다. 이제야 아버지도 자녀에게서 사랑받고 인
정받고 싶으신 분이었음을 알 것 같습니다. 얼마나 외로웠을까, 마
음이 아픕니다.


슬픈 아버지의 자화상

또 아비들아 너희 자녀를 노엽게 하지 말고 오직 주의 교훈과
훈계로 양육하라 엡 6:4

이 말씀이 쓰여진 당시는 아버지에게 자녀의 생살권이 주어졌을 만큼 가부장의 권력이 절대적인 시대였습니다. 자녀들의 인권이란 거의 없었습니다. 그런 시대에 '자녀를 노엽게 하지 말라'는 말씀은 당대 문화에서는 가히 혁명적인 것이었습니다.

우리나라도 지난 시대에 아버지는 가족에게 절대적인 존재였습니다. 절대적인 권위만큼 존경할 만한 인격의 아버지도 있었지만, 인격은 형편없는데 권위만 앞세우는 아버지도 많았습니다. 도박하고 바람피우고 폭력을 행사하고 벌이도 없으면서 대접받기만을 주장했던 아버지로 인해 아내와 자녀 모두가 병든 가정도 많았습니다.

어쩌다 이 땅의 아버지들이 아픔의 대상이 되었을까요? 어쩌면 그들 역시 자신의 아버지를 통해 부정적인 면만을 보고 자란 탓에, 아버지 역할에 대해 제대로 배운 적이 없었던 탓에 그러한 아버지 상을 답습한 것이 아닐까 생각합니다. 가장으로서, 남편으로서, 아버지로서 어떤 권위와 책임을 가져야 하는지 보고 배울 역할모델이 없었던 까닭입니다. 어린 시절 아버지 때문에 괴로웠으면서도, 그래서 절대 내 아버지 같은 사람이 되지 않겠다고 결심했으면서도, 막상 가정을 이루고 나면 어깨너머로 배운 아버지의 행동양식이 무의식적으로 튀어나온 것입니다.

당신의 아버지는 어떤 분이었습니까? 나의 아버지 됨을 돌아보기 전에 어린 시절 나의 아버지를 한번 돌아보십시오. 내가 아버지로부터 받은 영향을 점검해 보십시오.

힘들 때 아버지를 찾아가 의논할 수 있었습니까?

아버지한테서 따뜻한 사랑의 표현을 듣고 자랐습니까?

성적이 올랐을 때뿐 아니라 성적이 떨어졌을 때도

격려하는 아버지였습니까?

나의 학교생활과 친구에 관해 관심이 많은 아버지였습니까?

잘 놀아 주는 아버지였습니까?

아내를 아끼고 사랑하는 아버지였습니까?


아마도 많은 사람들이 기억하는 아버지는 위의 질문들과 거리가 멀었을 것입니다. 아버지와 아들이 하루 종일 낚시를 한 뒤, 아들은 "오늘 너무 좋았다. 행복했다"라고 일기를 썼고, 아버지는 "오늘 하루 쓸데없는 시간을 보냈다"고 적었다는 이야기가 있습니다. 아들과 보낸 하루가 아버지한테는 중요한 시간이 아니었다는 얘기입니다.

요즘 젊은 아빠들은 많이 달라졌지만, 우리 아버지들은 대개 일 중심의 삶을 사셨습니다. 나라가 여유가 없고 가난한 시절이었으니 이해가 되기도 하지만 자녀들에게 아버지는 언제나 부재 중이었습니다.

아버지의 훈육이란 것도 주로 무섭게 때리는 것이었습니다. 어느 고등학생이 아버지한테 매를 맞고 쓴 일기에 "그 순간 내 종아리는 고깃간에 걸린 고깃덩어리 같은 색깔이었다. 죽어도 아버지를 용서하지 않겠다"고 씌어 있었다고 합니다. 이렇게 아버지의 훈육은 거의 폭력적이었습니다.

언어폭력도 신체폭력 못지않았습니다. '망해라, 빌어먹어라' 같은 저주의 말을 하기 일쑤였고 걸핏하면 고함치며 화를 냈습니다.

어린 시절 경험한 아버지상이 이러했다면, 지금의 내가 좋은 아버지가 되기 위해서 어떤 과정을 거쳐야 할까요?

가장 중요한 것은 예수님을 만나는 것, 그리고 아버지를 용서하는 것입니다. 아버지와 화해했습니까? 그분이 그렇게 살 수밖에 없었던 상황을 이해하고 용서했습니까? 만일 아직도 아버지를 원망하고 미워하고 있다면 그 아버지의 모습이 오늘 내 모습으로 되풀이될 확률이 높습니다. 모든 상처는 치유되지 않으면 반복되기 쉽기 때문입니다.

## 나는 어떤 아버지인가?

### 워커홀릭인 당신

당신의 아버지는 어떤 아버지였습니까? 또 당신은 어떤 아버지입니까? 혹시 자녀가 그린 가족 그림 안에서 당신은 집에 들어오면 소파에 드러누워 TV를 보는 아버지가 아닙니까? 회사에 나가 열심히 돈 벌어 오는 것으로 아버지의 역할을 다했다고 여기지는 않습니까? 늙고 힘없는 노인이 되었을 때 당신은 가족에게 어떤 존재로 남게 될 것 같습니까? 혼자 출가한 자녀 집에 들렀을 때, 자녀는 어떤 표정으로 당신을 반길까요? 어쩌면 자녀는 아내에게 전화해 "엄마, 어쩌자고 아버지 혼자 보내세요?" 하며 화를 낼지도 모릅니다. 아버지와 단둘이 시간을 보내 본 적이 없는 자녀는 당신이 부담스러운 존재일 것입니다.

일 중심의 삶을 살면 직장인 또는 사회인으로서의 정체성만 있습니다. 아버지로서의 정체성은 없지요. 그래서 나중에 집으로 돌아왔을 때 설 곳이 없습니다. 아내도 자녀도 당신이 집에 있는 게 불편하기만 할 것입니다.

## 사랑한다고 말 못하는 당신

자녀에게 '사랑한다'고 말하라고 하면 온몸이 경직되어서 기껏한다는 말이 "용돈 줄까?" 하는 아버지가 있습니다. 마음을 표현하는 것이 몹시 어려운 아버지입니다.

어렸을 때 온 가족이 같이 밥을 먹다가 언니와 엄마가 식사를 일찍 마치고 일어서는 바람에 아버지와 단둘이 남게 된 적이 있습니다. 그때부터 밥이 목구멍으로 들어가지 않았습니다. 그러면 나는 불편한 마음에 서둘러 밥을 먹고 일어서곤 했습니다. 한번은 버스를 탔는데 술 한 잔 드시고 비스듬히 앉아 있는 아버지가 보였습니다. 더구나 아버지 옆자리만 비어 있었습니다. 하는 수 없이 아버지 옆에 앉아서 집까지 오는데 어색하고 불편했던 기억이 납니다. 지금 같으면 "아버지 저녁 잡수셨어요? 왜 이렇게 술을 드셨어요?"

했을 텐데, 나도 그 말 한마디를 할 줄 몰랐습니다. 아버지도 마음을 표현하지 못했지만 나 역시 마찬가지였던 것입니다.

아버지가 암에 걸려 병원에 입원했을 때도 아버지와 어떤 이야기도 나누지 못했습니다. 아버지 손을 붙잡고 "아버지 아프시죠? 힘드셔도 예수님 꼭 붙잡고 힘내세요. 사랑해요" 하고 한 마디 했으면 좋았을 텐데 간호하느라 부산만 떨었습니다. 결국 아버지가 돌아가시는 마지막 순간까지 아무런 대화도, 사랑도 나누지 못했습니다.

사랑은 표현하지 않으면 전달되지 않습니다. 자녀는 아버지에게 사랑과 인정의 말을 듣고 싶어 합니다. 아버지가 자녀에게 '사랑한다, 자랑스럽다, 네가 내 아들(딸)이어서 참 좋다'라는 말을 들을 수만 있다면 자녀는 자신감과 자존감을 갖게 될 것입니다. 당신은 자녀의 자존감을 높여 주는 아버지입니까?

## 있으나 마나 한 당신

아기는 태어나 1년 반에서 2년까지 엄마와 충분한 애착관계를 형성하고 나면, 두 돌이 지날 무렵부터는 엄마와 분리되기 시작합니다. 처음엔 엄마밖에 모르다가 기저귀를 갈아 주고 같이 놀아 주는 아빠나 다른 가족에게 관심을 돌리면서 자연스럽게 엄마와 분리되는 것입니다. 엄마와 분리되어 개별화가 건강하게 이뤄지면 사회성이 발달하게 됩니다. 이때 중요한 사람이 아버지입니다.

그런데 아버지가 부재하거나, 있어도 없는 거나 다름없으면 아기는 엄마와 분리되지 못하고 오히려 엄마와 더 밀착됩니다. 그래서 나이가 들어서도 불건강한 밀착관계가 형성될 수 있습니다. 지나친 의존관계는 엄마가 우울하면 나도 우울하고, 엄마가 행복하면 나도 행복해집니다. 겉보기엔 엄마에게 지극한 효자 같지만 건강하게 분리되지 못한 상태이기 때문에 결혼했을 때 또 다른 문제를 갖게 됩니다. 당신은 어떤 아버지입니까? 당신은 있으나 마나 한 아버지입니까?

## 아내를 사랑하는 아버지

자녀는 아버지에게서 아들로서, 딸로서 성정체성을 배웁니다. 특히 아버지가 엄마를 보호하고 아끼고 사랑할 때 행복과 안정감을 경험합니다. 아들은 아버지가 아내를 사랑하며 가정을 든든하게 지켜 나가는 것을 보고 남자 역할을 배우고 아버지를 배웁니다. 여기에 아버지가 "우리 아들 정말 든든하다. 멋진 남자가 되겠다" 하면 더욱 건강한 남성으로서 정체성을 가지게 됩니다. 마찬가지로 아버지가 "우리 딸 예쁘다. 이 복덩이를 누가 데려갈지 모르겠지만 정말 복 받은 놈이야" 하면 딸은 여성으로서 건강한 정체성을 갖게 됩니다.

## 약속을 지키는 아버지

아버지는 돈만 벌어다 주는 존재가 아닙니다. 돈 벌어다 줬으니 아버지 역할을 다 했다고 생각해서는 안 됩니다. 아버지는 자녀에게 울타리 같은 존재로서 보호자요, 책임자입니다. 보이지 않는 하나님의 대행자가 이 땅에 아버지입니다. 자녀들은 육신의 아버지를 통해 하늘 아버지를 느끼며 경험합니다.

> 아버지 사랑 내가 노래해
>
> 아버지 은혜 내가 노래해
>
> 그 사랑 변함없으신 거짓 없으신
>
> 성실하신 그 사랑
>
> _ 찬양 <그 사랑>

자녀는 성실하고 거짓이 없는 아버지, 변함없이 약속을 지켜 주는 아버지를 원합니다. 그러한 아버지를 경험한 자녀는 마음속에 분노가 없습니다. 사람을 신뢰하게 되고, 나아가서는 하나님의 사랑도 자연스럽게 믿게 됩니다.

그런데 많은 아버지들이 일단 약속은 해 놓고 바쁘다는 이유로, 깜빡 잊어버렸다는 핑계로 지키지 못합니다. 이렇게 기대가 충족되지 못하면 자녀는 사람을 믿을 수가 없고, 분노와 실망감을 갖게 됩니다. 딸의 경우 아버지의 사랑을 갈망하다가 그것이 충족되지 않으면 남자를 신뢰하지 못하는 반응을 보일 수도 있습니다.

어린이보호기관에 맡겨진 세 살, 다섯 살 된 오누이가 언제나 신발장 앞에서 놀았습니다. 장난감이 있는 방도 있는데 굳이 신발장 앞에서 노는 아이들에게 "장난감이 많은 저 방에서 놀지 왜 여기서 이러고 있어?" 했더니 큰애가 "우리 아빠가 돈 벌어서 빨리 온다고 그랬어요" 하고 대답했습니다. 그러나 아이의 눈빛은 이미 실망에 차 있었습니다. 혹시 아빠를 놓칠까 봐 방에도 들어가지 못하고 밖을 바라보는 아이들의 눈빛을 생각해 보세요. 끝내 그 약속이 지켜지지 않는다면 아이들의 마음은 어떨까요? 이 아이들은 누구를 믿고 세상을 살아가겠습니까?

지키지 못할 약속은 처음부터 하지 마십시오. 혹시라도 지킬 수 없다면 미리 설명을 해주세요. 그러나 그것이 자주 반복되어서는 안 됩니다.

"걱정하지 마. 아빠가 있잖아" 하는 아버지의 큰소리에 자녀는 안도하는 동시에 아버지를 절대적으로 신뢰합니다. 자녀는 또 아버지가 자기들과 즐겁게 놀아 주기를 바랍니다. 장난치며 같이 웃어 주는 아버지에게서 사랑과 안정감을 느낍니다.

나의 아버지는 자상하지는 않았지만 늘 우리 곁에 있었습니다. 경제적으로도 충분히 제공해 주지 못했지만 언제나 아버지의 자리를 지켜 주었기에 마음이 든든했습니다. "걱정하지 마라. 내가 있잖니"라고 말해 주지는 않았지만 존재만으로도 아버지는 약속을 지켜 주었다고 이해했습니다.

## 예수님을 통해 사랑의 아버지를 보다

자녀는 아버지를 통해 하나님에 대한 이미지를 그리게 됩니다. 아버지가 무섭고 언제 화낼지 알 수 없고 두려운 존재라면 하나님도 그런 존재로 그리게 됩니다. 벌주는 아버지를 통해 벌주는 하나님을 경험합니다. 그래서 우리는 어느 정도 모두 하나님에 대한 왜곡된 이미지를 가지고 있습니다. 그러나 예수님이 하신 일을 보며 우리는 하나님을 바로 알아 갈 수 있습니다.

예수님은 특히 고아와 과부에게 특별한 관심을 보이셨습니다. 아버지의 부재 때문에 불안해하는 그들에게 예수님은 아버지가 되고 남편이 되길 바라셨습니다.

> 빌립이 이르되 주여 아버지를 우리에게 보여 주옵소서 그리하면 족하겠나이다 예수께서 이르시되 빌립아 내가 이렇게 오래 너희와 함께 있으되 네가 나를 알지 못하느냐 나를 본 자는 아버지를 보았거늘 어찌하여 아버지를 보이라 하느냐 요 14:8-9

빌립이 예수님이 바로 하나님이신 줄 모르고 아버지를 보여 달라고 요구합니다. 그러자 예수님은 '나를 본 자는 아버지를 보았다'

고 말씀하십니다. 그렇습니다. 하나님을 본 사람은 없지만 독생자 예수님을 통해 하나님을 알 수 있습니다. 과부와 고아에게 관심을 기울이시며 그들의 아버지가 되기를 바라시는 따뜻한 하나님, 세리와 창녀와 함께 식사하시며 사랑을 보여 주시는 하나님, 모든 질병도 치유하시는 능력 많으신 하나님, 우리는 예수님을 통해 하나님을 알 수 있습니다.

우리 자녀가 아빠에게 "하나님을 보여 주세요. 하나님은 어떤 분이세요?" 할 때 우리 아빠들이 "네가 나하고 이렇게 오래 같이 있었는데 아직 모르겠니? 하늘 아버지는 나 같은 분이란다" 하고 말할 수 있다면 얼마나 좋을까요? 아니 적어도 "아빠가 너를 사랑하는 것처럼 하나님도 너를 사랑하신단다. 아빠가 약속을 지키는 것처럼 하나님도 약속을 지키시고 응답하시는 분이란다"라고 말할 수 있다면 좋겠습니다. 이제라도 온전한 아버지를 통해 온전하신 하나님을 그릴 수 있도록 해주십시오. 그것이 우리가 아버지로서 살아가는 책임입니다.

어떤 사람은 아버지가 어렸을 때 돌아가셔서 바른 아버지상이 없지만, 예수님에게서 아버지의 상을 가질 수 있었다고 했습니다. 예수님을 만난 사람은 육신의 아버지상이 없어도, 왜곡된 아버지상을 가진 사람이라도 예수님으로 인해 바른 아버지상을 회복할 수 있습니다.

우리는 완전하지 않습니다. 우리의 아버지도 완전하지 않았습니다. 우리에게서는 온전한 아버지를 발견할 수 없지만 하나님 아버지는 완전하십니다. 부족한 대로 하나님 아버지의 온전하심을 전달하는 아버지가 되기 바랍니다.

어느 딸이 아버지한테 쓴 편지를 소개합니다.

사랑하는 아버지.

너무나 고지식하고 강직하셨던 아버지. 한 번도 사랑한다는 말을 하지 않으셨던 아버지. 하다못해 머리를 쓰다듬는 간단한 일도 못하셨던 아버지. 나는 아버지가 너무 그리웠지만 때로 낯설고 무서웠습니다. 제가 아홉 살 때 아버지는 저의 종아리를 심하게 때리셨습니다. 그때 나는 너무 무서웠습니다.

그런데 그렇게 강철처럼 강해 보이던 아버지가 어느 날 부드러운 실크처럼 보이던 사건이 있었습니다. 아버지의 눈물을 본 것입니다. 제가 시집가던 날 큰절을 올렸을 때, 아버지는 고개를 돌리셨지만 저는 눈물이 고인 아버지의 눈을 보았습니다.

그때 저는 막연히 아버지의 사랑을 느꼈습니다.

가장 감격스러웠던 아버지의 눈물이 기억납니다. 주먹을 믿겠다던 아버지가 예수님을 만나신 것입니다. 우리와 같이 성경을 읽으시던 아버지는 "내가 좀 더 일찍 예수님을 알았어야 하는데… 그래도 너희들이 이렇게 바르게 자란 것이 고맙다"면서 눈물을 보이셨습니다. 그리고 기도하는데 아버지는 자신의 잘못을 조목조목 열거하며 용서해 달라 하셨습니다. 저는 그날 아버지의 기도를 평생 잊을 수 없을 것입니다. 터져 나오는 뜨거운 눈물을 삼키느라 얼마나 애를 먹었는지 모릅니다.

비록 환갑이 넘은 나이에 주님을 만났지만, 이제라도 하루도 빠지지 않고 우리를 위해 기도하시는 아버지, 당신은 이 세상 어느 누구보다 훌륭한 아버지입니다. 나의 진정한 아버지입니다.

저도 그동안 표현하지 못한 말이 있습니다.

아버지 사랑합니다. 그리고 존경합니다.

– 딸 올림.

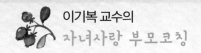
Q  오랫동안 아이를 기다리다가 아들을 낳았습니다. 기쁘기도 하고 감격
스럽지만, 어떻게 키워야 할지 두려운 마음도 들고, 좋은 아빠가 될 수
있을지 걱정되기도 합니다.

아빠가 되신 것을 축하합니다. 무엇보다 아기를 키우기 위해 도
움과 지혜를 구하는 겸손한 마음을 칭찬하고 싶습니다. 지금처럼 배
우려는 마음을 잃지 않는다면 분명히 좋은 아빠가 되실 것입니다.
만약 아빠가 어린 시절 좋은 아버지의 모델을 경험하지 못했다면,
아이가 생긴 것이 더욱 두렵게 다가올 수 있습니다. 하지만 염려하
지 마세요. 이제부터 좋은 아빠 되는 법을 배우면서 기대하십시오.

아기가 갓 태어났을 때는 아빠보다는 엄마의 역할이 훨씬 중요
합니다. 그러니 이때는 엄마가 아기를 잘 돌볼 수 있도록 아내에게
정서적인 지지와 격려를 보내 주어야 합니다. 아내에게 '사랑해요,
고마워요' 같은 마음을 표현해 주세요. 아내를 많이 사랑하는 것이
아기 사랑의 시작입니다.

그러다가 아기가 걸음마를 하고 놀이를 시작하면서부터 아빠
의 역할이 중요해집니다. 아이와 함께 놀아 줄 준비를 하십시오. 놀
아 주는 아빠가 좋은 아빠입니다. 아이는 심각한 아빠보다는 재미있

는 아빠를 좋아합니다. 때로는 우스꽝스러운 아빠의 몸짓에 아이는 깔깔 웃으며 행복을 경험합니다. 즐거운 놀이와 웃음은 자녀의 건강한 성격 형성에 양약이 됩니다. 아이는 어려서 경험한 웃음과 행복을 마음의 저축 통장에 저금해 놓았다가 나중에 인생길에서 힘든 일이 있을 때 꺼내서 사용합니다. 자녀를 위한 보험에 드는 것보다 더 귀한 것은 자녀 마음에 아빠라는 존재를 행복한 추억으로 남겨 주는 것입니다.

또한 아빠라는 존재 자체가 아이에게는 든든한 안전과 보호의 상징이라는 것을 잊지 마십시오. 아빠는 가정의 울타리와 같습니다. 그래서 신실하면서도 약속을 잘 지키는 보호자가 되어 주어야 합니다. 기도하는 마음으로 "나는 좋은 아빠가 될 수 있다"라고 선포하십시오.

# 떠나보낼 준비

> 범사에 기한이 있고 천하 만사가 다 때가 있나니 날 때가 있
> 고 죽을 때가 있으며 심을 때가 있고 심은 것을 뽑을 때가 있으
> 며 전 3:1-2

인생은 참 짧습니다. 화살같이 빠르게 지나갑니다. 자녀를 키우
고 보니 정말 '때'가 있음을 깨닫게 됩니다. 자녀를 낳아서 설레고
기뻤는데 어느새 몸도 크고, 정신도 성장합니다. 기쁠 때도 있었고,
놀랄 때도 있었고, 안심할 때도 있었고, 속이 타 들어갈 때도 있었
습니다. 다 컸다고 혼자 있겠다고 할 때도 있었고, 같이 있어 달라
고 할 때도 있었습니다. 그러는 동안 자녀는 청년이 되고, 성인으로
성장합니다. 우리 부모는 어느새 머리가 희끗하게 늙어 갑니다. 그
것이 인생인가 봅니다.

나의 책《성경적 부모교실》에서 가져온 글입니다.

"자녀가 유아일 때 엄마는 잠 한번 실컷 자 보는 것이 소원일 때가 있었습니다. 걸음마를 할 때에는 아이가 다칠까 봐, 벽에 낙서를 할까 봐 물건을 숨기고 치우느라 애를 쓰던 때가 있었습니다. 자녀가 처음으로 노란 가방을 메고 놀이방과 유치원을 갈 때는 집을 떠나는 것이 신기하면서도 설레었습니다. 학교에 입학한 날은, 카메라를 들고 유난히 눈에 띄는 아이를 향해 셔터를 눌러 댔습니다. 그런데 이때부터 아이는 공부와 씨름하기 시작하더니 중학교 고등학교를 통과했습니다. 사춘기에 접어든 자녀는 어제까지도 그렇게 밝고 귀엽게 재잘거리더니 언제부터인가 말이 없어지고 이유 없이 화를 내고 짜증을 냈습니다. 어제까지만 해도 우리의 도움을 그렇게 필요로 하더니 '이제 상관하지 말아라, 내가 알아서 한다'고 주장했습니다. 우리 눈에는 아직도 미숙한데, 그러나 이제 때가 된 것입니다. '내가 알아서 할래요'라고 말하면 이제부터 우리의 역할은 자녀를 놔주는 것입니다. 부모를 잘 떠나갈 수 있도록 손을 놓아 주어야 하는 것입니다. 가게 하십시오. 놓아 주십시오. 떠나보내십시오. 이것이 부모 역할의 마지막 사명입니다."

## 떠나보낼 준비를 하라

자녀교육의 마지막은 떠나보내는 것입니다. 잘 독립시키는 것도 자녀사랑입니다. 그러나 많은 부모들이 막상 자녀 떠나보내는 것을 어려워합니다. 아직 떠나보낼 때가 아니라고 생각합니다. 아직 준비가 안 되었다고 여깁니다. 그러나 지금이 떠나보내야 할 때입니다. 부모들이 자녀를 놓지 못하는 이유를 몇 가지만 들어 본다면 이렇습니다.

### 자녀는 나의 분신이다?

어느 순간 부모는 자기도 모르게 '너는 내 속에서 나왔고, 내가 너를 키우느라 이렇게 고생했으니 너는 내 것이며 나의 분신'이라고 생각하게 됩니다. 그러니 떠나보내라는 말만 들어도 섭섭하고 화가 납니다. '내가 너를 어떻게 키웠는지 아니?'라고 말합니다. 나도 모르게 자녀를 부모인 나의 일부이며 소유물이라 여기게 되는 것입니다.

그러나 자녀는 하나님의 소유입니다. 우리는 청지기일 뿐입니다. 하나님이 이 아이를 잘 키워달라고 아주 잠시 맡겨 주신 것입니다. 그래서 더욱 함부로 다루면 안 됩니다. 더욱 열심히 사랑해주고, 훈련시켜야 합니다.

자녀는 결코 부모의 분신이 아닙니다. 때가 되어 하나님이 되돌려 달라 하실 때, 돌려드려야 합니다. 그것이 자녀를 떠나보내는 것입니다.

## 떠나보내는 것은 관계 단절이다?

부모는 자녀를 떠나보내는 것이 관계가 단절되는 것이라 오해합니다. 그래서 자녀를 떠나보내지 못합니다. 특히 우리나라의 유교 문화는 '부자유친 부부유별'이라 하여 부모-자녀 간에 유대가 돈독합니다. 어릴 때부터 그렇게 교육을 받다 보니 자녀가 부모를 떠나는 것은 불효라고 생각했지요. 그러나 지나친 유대나 의존은 건강한 관계가 아닙니다.

누구나 성인이 되면서는 '의존'에서 '독립'으로 나아가야 합니다. 육체적, 정신적, 영적으로 부모를 떠날 수 있어야 진정으로 부모를 공경할 수 있습니다. 떠나는 것은 관계 단절이 아니라 오히려 관계의 승화입니다. 우리에게 '친구'라고 하신 예수님의 말씀처럼, 마치 서로를 이해하는 친구 같은 사이가 되는 것입니다. 약간의 거리를 두고 걸어가는 인생길의 친구가 되는 것입니다.

## 자녀는 영원히 내 곁에 머물 것이다?

많은 부모는 자신도 모르게 자녀가 영원히 내 곁에 있을 것으로 생각하고 인생을 설계합니다. 그래서 자녀가 결혼해서도 가까운 곳에 살면서 곁에 있으려 합니다. 그런데 살아 보니 어느새 자녀가 우리 곁에 없습니다. 여러 가지 이유로 자녀는 떠납니다. 군대를 가고, 유학을 가고, 이민을 가고, 지방에서 직장생활을 하고, 결혼을 합니다. 우리 곁에 자녀가 없다는 사실이 당연한 일이라는 것을 이제 깨닫습니다.

그런데 요즘은 부메랑 자녀들이 꽤 있습니다. 부모 곁을 떠나갔던 자녀가 다시 집으로 돌아오는 것입니다. 긍정적 효과도 있겠지만 부정적 결과도 많습니다. 정신적으로 독립이 이루어진 관계라면, 관계의 발전이 이루어졌다면, 같이 살면서도 서로 개인의 존중이 있다면 그런 대로 좋은 점도 있을 것입니다. 그러나 합친 후 더 많은 갈등이 있는 집도 많습니다. 왜냐하면 정신적인 '떠남'이 이루어지지 않았기 때문입니다.

부모와 자녀는 언제까지고 함께할 수 없습니다. 따라서 부모는 자녀가 도움 없이도 독립하여 살 수 있도록 격려해야 할 것입니다.

### 자녀가 내 꿈을 이뤄 줄 것이다?

어떤 부모는 자녀를 낳으면서 목회자가 될 것을 서원했다고 합니다. 또는 변호사나 의사가 되라고 요구하기도 합니다. 그러나 자녀는 내가 아닙니다. 부모가 원하는 삶을 자녀에게 요구하지 마십시오. 그 아이가 목사나 선교사가 되는 일은 하나님과 그 아이의 관계에서 이뤄지는 일입니다.

우리 부부도 아들이 의사가 되기를 바랐습니다. 하얀 가운을 입고 병원에서 일하는 아들의 모습을 마음에 그리기도 했습니다. 그래서 아들과 갈등이 있기도 했습니다. 그러나 아들은 지금 자기가 좋아하는 일을 하면서 살고 있습니다. 자기가 선택했고 좋아하는 일이기 때문에 스스로 열심히 하고 있습니다.

부모의 꿈을 내려놓으십시오. 자녀에게 심겨질 하나님의 목적을 위해서만 기도하십시오. 하나님이 계획하신 인생을 걸어가는 것이 최고의 인생입니다.

## 자녀가 나를 행복하게 해줄 것이다?

보통 부부간의 사랑이 넉넉하면, 부모가 자녀에게 집착을 하지 않게 됩니다. 반대로 여러 가지 이유로 부부간의 사랑이 소원하면 아무래도 자녀에게서 사랑을 채우려 합니다. 그래서 불건강한 자녀사랑이 시작됩니다. 그래서 젊은 부부들에게 조언하고 싶습니다.

남편은 일과 성공보다 아내를 더욱 사랑하십시오. 아이들 앞에서도 아내 사랑을 표현하십시오. 아내는 자녀보다 남편을 세워 주십시오. 아이들 앞에서도 남편에게 더 잘 하십시오. "너희보다 아빠가 먼저다. 아빠가 수고하시니까 아빠에게 잘해 드려라"라고 이야기하십시오. 그리고 가끔 아이들을 부모님께나 다른 보살펴 줄 이에게 맡기고 부부 데이트를 하십시오. 낭만적인 데이트를 연출하십시오. 자녀가 부모의 행복을 책임질 수 없습니다. 물론 진정한 행복은 자녀나 배우자에게서 충족될 수는 없습니다. 진정한 만족은 나의 영혼의 주인이신 하나님 안에 거하는 데서 온다는 것을 잊지 마십시오. 자녀가 나를 행복하게 해줄 것이라는 기대를 내려놓으십시오. 그것이 떠나보냄의 마음가짐입니다.

## 얘한테는 내가 없으면 안 된다?

자녀가 어릴 때는 부모가 없으면 안 됩니다. 혼자 설 수도, 먹을 수도 없으니 엄마의 도움이 반드시 필요합니다. 그러나 자녀가 성장할수록 혼자 하는 것을 가르쳐야 합니다. 부모도 자녀를 도와주지 않는 것을 연습해야 합니다. 도와주지 마십시오. 스스로 하게 하십시오. 어려움도 스스로 극복하게 하십시오. 부모가 끝까지 따라다니며 대신해 주거나 보호해 줄 수는 없습니다.

많은 부모들, 특히 엄마들은 '내가 없어지면 쟤는 어쩌나' 하는 생각을 많이 합니다. 그러나 부모가 떠나도 자녀들은 나름대로 잘 살아 갑니다. 때로는 부모의 도움과 손길이 사라졌을 때, 자녀가 더 강하고 독립적으로 인생을 헤쳐 나가는 것을 볼 수 있습니다. 어차피 부모는 자녀 곁을 떠날 것입니다. 빨리 부모가 손을 놓으면 자녀는 더 빨리 하나님의 손을 붙잡게 될 것입니다.


## 떠나보내는 연습

아이들에게 자전거를 가르치려면 처음에야 부모가 넘어지지 않게 붙잡아 줘야 하지만 적절한 때가 되면 붙잡았던 손을 놓아야 합니다. 넘어질 것 같아도 손을 놓아 주어야 아이는 자전거를 배웁니다. 끝까지 염려한다면 아이는 끝내 자전거 타는 법을 배우지 못합니다. 이것이 우리가 자녀를 떠나보내야 하는 이유입니다.

그렇다면 떠나보내기 위해 무엇을 준비하고 연습해야 할까요?

**첫째, 지금부터 잔소리하고 지시하는 말을 줄이는 연습을 하십시오.** 세 번 할 것을 두 번으로 줄이고, 두 번 할 것을 한 번으로 줄이면서 마침내 잔소리를 하지 않는 것입니다. 오늘부터 잔소리를 안 하는 연습을 해 보세요.

**둘째, 불신을 멈추세요.** 자녀를 믿지 못하고 의심하는 태도입니다. 어떤 엄마는 밤에 기도회에 갔다 돌아오면서, 아들이 TV를 보는지 안 보는지 보려고 문을 소리 안 나게 살짝 열었다고 합니다. 그러나 아들은 엄마가 온 것을 알아채고 얼른 TV를 끄고 방에 들어가서 공부하는 척했습니다. 그런데도 엄마는 의심을 멈추지 않고 TV를 만져 봤는데, 뜨끈뜨끈한 열기가 있어 이것을 빌미삼아 아들을 꾸짖었습니다. 물론 아들도 TV를 보고도 보지 않은 척한 잘못이 있지만, 엄마의 의심과 꾸지람이 계속된다면 아들은 점점 마음 문을 닫을 것입니다.

**셋째, '고맙다, 잘한다, 알아서 해라, 잘할 거다, 나는 너를 믿는다'라는 말을 자주 하십시오.** 용기와 힘을 북돋워 줄수록 아이는 더 잘하려 할 것입니다.

**마지막으로 자녀가 하나님을 일대일로 만날 수 있도록 기도하는 것이 떠나보내는 연습입니다.** 자녀가 하나님과 인격적으로 만나게 되면 부모가 '열심히 살아라' 하고 입이 아프게 잔소리하지 않아도 알아서 잘하게 됩니다. 자녀에게 '꿈과 비전'을 주시는 하나님이 직접 인도하실 테니까요. 그렇기에 자녀가 예수님을 만나 그분의 사랑을 느낄 수 있도록 기도하는 것이 자녀를 떠나보내는 최고의 방법입니다. 이에 앞서 부모 역시 예수님을 뜨겁게 만나고 사랑하는 삶을 살아가십시오.


## 자녀에게 용서 구하기

마지막으로 자녀와 관계를 회복해야 떠나보낼 수 있습니다. 먼저 자녀에게 잘못한 것이 있다면 용서를 구하십시오. 자녀가 어릴 때 지나치게 때린 일, 옷도 제대로 입히지 않고 집 밖으로 쫓아낸 일, 성적 때문에 남과 비교한 일, 자녀 앞에서 엄마를 때린 일, 남을 험담한 일 등, 그럴 수도 있지 하고 넘어가지 말고, 핑계도 대지 말고, 진심으로 용서를 구해야 합니다.

"내가 정말 잘못했다. 그때 내가 왜 그랬는지 정말 나도 마음이 아프다. 나를 용서해라."

당장은 자녀가 아무 대답도 안 할 수 있습니다. 그래도 그것이 자녀와 관계를 회복하는 시작점이 될 수 있습니다.

어떤 부모는 체면이 있지 자녀에게 무릎 꿇는 일을 어떻게 하느냐고 합니다. 그러나 그것은 부모의 체면을 깎는 일이 아닙니다. 오히려 부모로서 존경받을 일입니다. 부모 품을 떠나기 전에 자녀의 마음에 앙금으로 맺혀 있는 감정의 찌꺼기를 청소하듯이 가능한 용서를 구하고 사랑을 표현하십시오. 그것이 자녀를 잘 떠나보내는 방법입니다. 그러면 자녀는 묵은 감정을 씻고 가벼운 마음으로 새로운 미래를 향해 출발할 수 있을 것입니다.

## 성경 속 '떠남' 이야기

성경에는 '떠남'의 스토리가 많습니다. 성경 속 하나님의 사람들은 부모를 떠났습니다. 대표적인 사람이 아브람입니다. 아브람은 '본토 친척 아비 집을 떠나라'는 부르심을 따라 길을 떠났습니다.

당시 아브람이 살던 갈대아인의 우르 지방은 오늘날의 뉴욕 맨해튼처럼 문명이 최고로 발달한 곳이었습니다. 어쩌면 화려하고 익숙하고 편안한 곳입니다. 그렇게 익숙한 곳을 떠난다는 것은 결코 쉬운 일이 아닙니다. 그러나 하나님은 아브람을 불러내셨습니다. 그것은 이제 부모의 손을 떠나, 하나님 손만을 붙잡고 가야 하는 어려운 길, 모험의 길, 믿음의 여정이었습니다. 그 결과 아브람은 아브라함이 되어 열국의 아비, 구원자 예수님이 오실 길, 축복의 통로가 되었습니다. '떠남'이 없었다면 이룰 수 없는 길이었습니다.

　야곱도 부모 특히 어머니의 과보호를 '떠남'으로 하나님을 대면하기 시작했습니다. 하나님과 동행하며 씨름하며 결국 영적 이스라엘이 되었습니다. 요셉은 아버지의 편애에서 떠나 고난의 길로 떠났습니다. '떠남'이 없었다면 애굽의 총리가 될 수도 없었을 것입니다. 그 여정의 끝에서 가족과 민족을 구원하는 사람이 되었습니다.

　사무엘은 아직 어린 아이일 때 어머니의 품을 떠나야 했습니다. 그 시대는 영적으로 심히 타락한 시대였습니다. 결국 하나님의 음성을 들었던 사무엘을 통해 한 시대가 구원받게 되었습니다.

　아브람, 야곱, 사무엘이 만약 부모의 그늘 아래 머물렀다면 이 모든 일들은 이루어질 수 없었습니다.

　'떠남'은 영적인 사건입니다. 지금도 그러한 '떠남'의 이야기는 계속되고 있습니다. 지독히도 가난하고 어두웠던 우리나라에 자기 부모를 떠나 선교의 여정을 걸어온 선교사가 없었다면 지금의 한국은 없었을 것입니다. 현재 많은 한국의 선교사들이 낯선 이방의 땅으로 떠나고 있습니다. '떠남'을 통해 우리 자녀 역시 하나님을 대면할 수 있을 것입니다. 부모가 손을 놓아야 자녀는 먼 길을 떠날 수 있습니다.

이처럼 성경은 믿는 우리에게 떠날 것을 요구합니다. 떠나야 성장하고, 하나님의 계획을 따라 살게 되고, 복음이 전파되고, 하나님 나라가 이 땅에 실현되기 때문입니다.

> 그러므로 너희는 가서 모든 민족을 제자로 삼아 아버지와 아들과 성령의 이름으로 세례를 베풀고 내가 너희에게 분부한 모든 것을 가르쳐 지키게 하라 볼지어다 내가 세상 끝날까지 너희와 항상 함께 있으리라 하시니라 마 28:19-20

## 자녀에게 떠나보내는 편지 쓰기

자녀는 어차피 부모인 우리를 떠나야 합니다. 자녀양육의 하이라이트는 떠나보내는 것입니다. 이제 하나님이 친히 그의 인생을 책임져 주실 것을 바라며 떠나보내는 것입니다. 진정한 사랑은 집착하며 소유하려는 것이 아니라 놓아 줌으로써 성장시키는 것임을 명심하기 바랍니다.

가장 결정적으로 부모를 떠나는 것은 결혼일 것입니다. 나는 내 딸이 결혼하여 부모의 품을 떠날 때 편지를 써 주었습니다.

사랑하는 딸아,

네가 태어난 것이 엊그제 같은데 벌써 결혼하여 우리 품을 떠나게 되었구나. 이렇게 시간이 빨리 흐를 줄 몰랐다. 그러나 우리는 너 때문에 행복했다. 너는 우리에게 참 기쁨과 행복을 많이 준 귀한 딸이다.

혹시 엄마 아빠가 네 마음을 아프게 하고 상처 준 것이 있거든 용서하고 떠나라. 마음껏 떠나라. 우리 걱정은 하지 마라. 우리는 예수님 믿고 잘 살 테니까 너는 네 남편 사랑하고 하나님께 쓰임 받는 딸이 되어라.

너의 엄마 아빠 역할을 할 수 있었던 것이 우리에게는 참으로 큰 특권이고 축복이었다. 내 딸이 되어 줘서 고맙다. 사랑한다. 축하한다.

- 엄마가

어떤 엄마는 결혼해서 떠나는 딸을 위해 전날 축복기도를 해 주었다고 합니다. 그러고는 딸을 의자에 앉히고 대야 두개에 물을 부어 그 위에 장미꽃까지 띄우고는 왼발은 엄마가, 오른발은 아빠가 무릎을 꿇은 채로 정성껏 씻어 주었다고 합니다. 그리고 수건으로 곱게 닦고 나서 향기 나는 로션을 발라 주며 "사랑해. 엄마 아빠가 너에게 상처 준 것 기억나는 거 있으면 다 용서하고 가라. 고마워. 미안해. 축복한다" 하고 말해 주었답니다. 딸도 울고, 엄마 아빠도 울었지만 진정한 떠남이 이뤄졌을 것입니다.


## 또 다른 사명을 향해서

자녀를 떠나보냈습니까? 그렇다면 당신은 하나님께서 맡기신 자녀 키우는 사명을 다한 것입니다. 그러면 부모는 또 다른 사명의 길을 찾아야 합니다. 하나님께서 우리에게 주시는 새로운 비전을 찾으세요. 눈을 들어 세상을 바라보십시오. 내가 해야 할 일을 다시 찾으십시오. 자녀에게만 향하던 시선을 들어 더 크게, 더 넓게 지경을 넓히십시오. 고아들을 돌보고, 탈북자 자녀들을 돌보고, 통일을 준비하십시오. 선교의 길을 떠나십시오. 그렇게 하면 오히려 자녀를 떠나보내기가 더욱 쉬워집니다. 우리 부모가 그러한 선교의 삶을 살 때, 우리 자녀들은 부모를 더욱 존경하고 공경할 것입니다. 그들도 더 훌륭한 삶을 살게 될 것입니다.